JN111688

クリエイター、アーティスト、
フリーランスが読んでおきたい
会計の授業

ギャラをいくらにする?

日本大学芸術学部非常勤講師
堀内雅生
Masao Horiuchi

まえがき
～会計とは数字でビジネスを「表現」した芸術作品

2020年から日本大学芸術学部で、会計財務の基礎知識という講座を開講させていただいています。3～4年生の皆さんにお話をして、何度も「今までどこでも教わらなかったけど社会に出るには必要な知識だと思います」と言っていただきました。

この授業は、将来アートに関わるお仕事に就く方が多い日芸の学生さんに生きる知恵として会計の知識を理解してもらい、卒業後に自立して活動するために必要な力をつけていただきたいという思いで開講しています。

なお、この本は会計の考え方や使い方について説明していますが、その一部はわかりやすくするために、簿記の教科書で説明しているものとは違うアプローチで解説しています。

結果は同じところに行きつきますが簡略化しているので、検定試験などを受ける方はきちんと専門のテキストで学んでください。ただ、それらのテキストを読む前にこちらの本を読んでいただくと、腹落ち感が違うのではないかと思います。

また、日芸の授業がベースなので、芸術寄りのたとえが多く出てきますが、何卒ご了承ください。

私は、東京の下町・上野で生まれ育ち、1992年にVC（ベンチャーキャピタル。スタートアップに投資する仕事）業界に新卒で就職し、仕事をしながら1995年に税理士試験に合格しました。

その後、成長企業での複数のIPO（株式の上場）を経験し、会計や財務の仕事を長年経験しています。仕事柄、多くの経営者（特に創業者）とのご縁もたくさんできました。

そんな中で40代半ばに大学院で学ぼうと思い立ち、早稲田大学の夜間コースを受験し、無事合格して通うことができました。そこからのご縁で、これまで会計や財務とは遠い世界と思っていた芸術系大学、しかも多才な著名人を輩出している日芸から講座のご依頼をいただくことになりました。

ですが、実のところ最初はどのような内容にしようか、完全に戸惑っていました。簿記検定などの対策講座ではありませんし、もちろんそれは誰も求めていません。ならば、どんな構成がわかりやすく意味があるのかなと思案しました。

そう思って、ご縁をいただいた日芸の先生に相談したところ、「卒業後は興行の収支を考えたり、運営団体の数字を取りまとめたりといった仕事に就く学生も多いので、最低限は理解できるようにしてほしい」という意図を伺いました。もちろん会社・団体に就職せず、個人で独立する方はどなたにも必要な知識です。

また、**会計のお話は、実は社会の仕組みの一部でもあります。社会の仕組みを知ることは、予想外の問題（多くは金銭や契約の話）でつまずかないように身を守る手段になるのです。**

テレビドラマにもなった偏差値30台から東大合格を目指す漫画で主人公が語っているとおり、社会では無知な人はより多くのコストを支払うことになり、知識を得ることでそれを打開することができます。勉強して社会の仕組みを知ることは、実はコスパのよい意味のある行動なのです。

会計の本質は数字の“組み合わせ”のパズル

社会に出て広く全体を眺めますと、近年はスタートアップ企業群が、優秀な人が起業して多額の資金を集めて投資をして上場して……と目立ちはしますが、一般的には個人事業や小規模な会社でお仕事をされている方々のほうが、圧倒的に多いです。

そのような小規模な事業者の方々の多くは、ご自分がやりたいことを実現したいという思いで取り組まれた結果、そのような形態になっていることが多いようです。ですので、自己実現への思いは強いものの、事業を持続・拡大させるにはどうするべきかという議論は、つい避けてしまう場合もあると思います。

そもそも、多くの人はこうした知識を学校で教わらないので、航海にたとえると、海図の見方や操船方法を知らずに外洋に出るようなものです。それは普通に怖いですよね？

海は一見、穏やかに見えても急に変化します。それは社会も同じです。何らかの指針を持っていないと、荒波を切り抜けるのに大変な苦労を強いられます。

「とはいえ大企業ではないし、そんな知識いらないでしょう」と思うかもしれませんが、どんな規模でも経営の基本型は同じです。一定の方法論を知ると適切に立ち回れるようになります。

また、芸術も技術も医療も実はビジネスと背中合わせで、むしろ分野によっては大きな事業になる可能性を秘めています。事業意欲が旺盛なプロフェッショナルの方々も多くいらっしゃいます。

ですので、当事者となる方々が会計の知識を持っていると「自分がどのように振舞えばよいか」「どうするとどういうリスクがあるのか」ということを適切に理解できて、より本業に専念できるようになります。少なくとも、自分の活動をサポートしてくれるスタッフと、的確なコミュニケーションが取れます。

会計ではゴーイング・コンサーン（Going Concern、継続企業の前提）という言葉があり、もともとそのような思想で仕組みが作られています。ビジネスは継続できてこそ価値があるのです。

ですので、会計の知識をわかりやすくお伝えすることも、社会のサスティナビリティ（持続可能性）支援の一つと言えるのではないかと私は考えています。

私がこの「日芸で会計を教える」というミッションの中で明らかにしたかったことは、会計（数字の記録）の本質は数字の“組み合わせ”のパズルであるということです。会計では、原因と結果の組み合わせを必ずセットで記録していきます。

そして、それぞれの記録する事象は、社会経済の仕組みの中における人間の活動の結果です。

ですので、単に会計のやり方だけでなく、背景も含めて一連のストーリーとして「なぜそうなのか？」ということを考えながら学ぶことで、その本質がより一層理解されると考えています。

この本に書かれている内容は、そんな思いを形にしたものです。

会計も表現方法の一つ

そして、会計について、4年間の講義を通じて実感したことがあります。それは、会計も「表現方法」であるということです。

会計はお金にかかわる活動を「金額」と「科目」で記録をします。その記録は、事業がどのようにおこなわれて、どんな結果になったかを的確に描写します。

さらにその記録は、経営者が確認するだけでなく、銀行や出資者（株主）に見せていくものです。

これは、**会計の記録方法が体系化された15世紀ごろの中世ヨーロッパから変わっていない普遍的な事実**です。もともとそのために発明されたものですし。

そう考えると、会計は活動の記録でありながら、それを外に見せるという点において、表現方法と言えるのではと思います。

そして、その活動の一つ一つが構成要素です。会計の記録を読むと、事業の様子が見えてきます。それは唯一無二のものですので、ある種の芸術作品と言えるかもしれません。私は経営者はアーティスト、経営はアートだと思います。

この会計の仕組みが、芸術の国イタリアで生まれたことも大変興味深い事実です。当時の欧州における交易の中心地で、だからこそ多くの富豪がパトロンになり芸術が発展した、という関係だとは思いますが、芸術と商業（会計）のつながりを感じます。

とすると、日芸でこの授業を開講するご縁をいただいたのも偶然ではないのかもしれませんね。

この本では、これまでに語ったような問題意識をベースにして、会計に「近寄りがたい」感覚をお持ちの方に、**会計は事業を表現するための方法であること、その情報は重要なコミュニケーションツールになることを理解いただき、さらにご自身の未来を切り拓くための一助になれること**を意図しています。

日芸の講義概要（シラバス）にはこう記しています。

「劇場や美術館などの運営や劇団や企業の経営に関わる、公演、展示会などのプロデュースをする、プロのアーティストやエンジニアとして活躍する、自分の作品を販売する、教室やお店を開くなど、皆さんが社会に出て取り組む『仕事』には会計・財務の知識・考え方が必要になります。その際に基本的な理解があると、適切な判断ができ、よりよい結果に導くことができます。この授業では、教員の経理・財務・法務分野での実務家としての長年の経験から、皆さんが将来仕事を通じて幸せになるために、社会に出る前に知っておいていただきたい知識をお伝えします」

もちろん、芸術系の方々に限らないお話になりますので、何かご自分で主体的に始めたいという方にぜひお読みいただきたいと考えています。

それでは、これより本編の開演になります。

聞きなれない言葉が飛び交う舞台となりますが、しばらくのあいだおつき合いいただけますと幸いです！

堀内雅生

クリエイター、アーティスト、フリーランスが
読んでおきたい

会計の授業

ギャラをいくらにする？

第1章 ビジネスの初歩をおさえよう

第2章 会計は「4色」だ

第3章 芸術的な会計記録をつくる

第4章 売上・仕入などの取引を記録する

第5章 在庫・資産・負債を記録していく

第8章 損益分岐点分析の実践

第1章

ビジネスの初歩をおさえよう

アートは趣味や娯楽じゃなくて商い（ビジネス）だ

あるとき、瀬戸内の島々にアートを鑑賞する旅に出て、最後に倉敷の大原美術館を訪ねました。大原美術館は、日本初の私立西洋美術館として、倉敷紡績株式会社の社長・大原孫三郎氏が私財を提供し、1930年に開館しました。

モネの「睡蓮」など世界の名画などが集められた90年以上の伝統を誇る美術館ですが、地域や企業との連携を積極的に図って、さまざまな鑑賞会を企画し、SNSで毎日発信するなど来場者を増やす取り組みをされています。

この大原美術館は、公益財団法人という営利を目的としない団体ですが、どうして営業活動を熱心にやっているのでしょうか？あるいは「公益を名乗るのに、営業活動をしていいの？」と思う方もいるかも知れません。

実は、この「営利を目的としない（非営利）」というのは、事業をしてはいけないという意味ではなく、普通の会社のように事業をおこなって得た利益を、団体の構成員（会社なら株主、財団法人では評議員）に分配せず、その団体の活動に使わなければいけないという意味です。

つまり、公益財団法人も、設立目的の範囲内で事業活動をおこなってよいのです。「公益」とか「非営利」という言葉から、無償のボランティア活動と思う方も多いようですが、それは違います。

このあとも話に出てきますが、どんな団体でも存続していくためには活動資金が必要です。お金がなければ活動に必要な資材なども買えません。そこで働いている方もいますが、趣味や娯楽ではなく、お仕事ですのでお給料を払わないといけません。

ということは、運営にかかるお金以上に稼げないと続けられないことになります。自立して運営していくためには、お金を稼ぐ商い（ビジネス）の感覚を持つことが大切になります。

大原美術館はどうして存続できているのか

大原美術館が公表している「公益財団法人大原美術館　令和4年度事業報告書」を見てみますと、年間収入約4.5億円、経常利益約4千万円と、堅実に利益を出されている状況が読み取れます。

収入の大半が入館料で、通常の事業活動で利益を出しています。企業を経営する資産家の方が設立者ですが、趣味や娯楽で運営されているものではありません。

年間来場者数は約26万人だそうですが、何もせずに集まる数字ではないでしょう。「どう世の中の多くの人に知ってもらい、リピートしてもらうか？」を考え、地道に努力をされていて、商いの感覚を持って運営されている様子がうかがえます。

もし仮に営業努力が足らず、恒常的に赤字になる状況であればどうでしょうか？

公益法人でもお金が足りないと何かで補わないといけません。クラウドファンディングなどで広く寄付を集める、それでダメならスポンサー企業を見つける、それも無理なら自治体などの公的支援ですが、この原資は税金ですのでハードルは高いです。

このような順番で考えていくと、あとに行くほうがだんだんと自由度がなくなっていき、自分たちの意向で運営できる幅が狭まることが想像できます。

特定の人の支援を受けると、その方たちの意向を反映しないといけません。もちろん方向性が完全に一致していれば問題ありませんが、人それぞれ思いが違うようにそれは現実には困難です。

となると、**最も創意工夫ができて、お客さんに楽しんでいただいた実感を持てるのは、来場者からの収入で自立して運営すること**になります。当たり前のことですが……。

ここまで来ると、何でアートの話に会計財務の話がつながるのか何となく理解していただけるでしょう。自分たちの思いをピュアに伝えたければ、経済的に自立していることが必要なのです。

また、誰かの支援を受けるということは、その方々の意向に配慮する必要があるだけでなく、実は「その支援が継続的におこなわれる保証はない」ということにも気をつけないといけません。義務ではないので、当然打ち切りもあり得ます。

もちろん、お金がすべてではありませんが、つねにそれに気を取られていては、よい作品は生み出せないのではないでしょうか。

お金をもらうことを遠慮しない

お金をもらうことに引け目を感じる人もいるかもしれません。（実際私もそんなときはあります。）自分で絵を描いても「画材などの費用は大してかかっていないし」と考える人もいるでしょう。

たしかに、自分で描いていますから費用は実感できません。でも、実はかかった費用と価値は、本来は関係ありません。

価値のあるものを、**価値を感じてくれる人に適正な価格で提供することは正当な経済活動で、経済的な自立を確保するための大事な手段**です。

まあそこまで気負わなくても、自分が作ったものに価値を感じてもらってお金を払ってもらうのは気持ちのよいもの。さらに喜んでもらえたらなおさらですよね。

私は以前、イベント運営会社の経営に関与していたことがありますが、そこでは海外からのアーティストも多く演奏されていて、彼らに出演を打診すると、しっかりお金や条件の話をしてきます。

海外から見れば、わざわざ遠い日本まで行って安い報酬しかもらえないなら、メリットがないと思うわけです。付帯的な条件も含めて、強気な条件で明確に提示してこられます。

そんな世界なので、アーティスト自身も自分の価値はどのくらいかは意識されていると思います。

また、私は昨夏、湘南で天然氷のかき氷をいただきました。果汁はナガノパープルという高級ブドウで、1杯1,500円。

かき氷なので、氷を削りブドウの果汁をかけただけです。1房1,000円のブドウを半分使ったとして500円、天然氷は遠方から購入するので原価は半分くらいするかもしれません。

とはいえ「1,500円は高いかな？」と思っていたのですが、食べてみたらとても美味しくて、それ以上の価値を感じました。

お店の方が1,500円の値づけをどのように決めたかわかりませんが、お客さんが喜んで食べている様子を見たら、自分たちが提供したものの価値を実感するでしょうし、もっと喜んでもらおうと工夫をすると思います。

アートの世界も、どこかこれに共通するところがあるのではないでしょうか。

多くの方は誰かに喜んでもらう、楽しんでもらうことを目的に活動されていると思います。

その喜びが価値ですので、かかった費用にかかわらず、相応のお金をいただくことは正しいことなのです。

アートに定価はつけようがありませんが、きちんと価値をわかってくれる人と出会い、相応のお金をいただく。通常の商売で当たり前にやることは、アートの世界でも同じです。

商売もアートも、お金が回らなければ活動を持続することは困難です。お金のことを考えるのは卑しいことではありません。

劇団四季は「商い」と「そろばん」を両立させている

はじめに、劇団四季の創立者、浅利慶太さんの言葉を引用します（週刊東洋経済2003年1月11日号特集「感動ビジネスで勝つ」より引用）。

20代で、日生劇場の運営に関わり、ベルリンオペラ日本公演を招聘したときの厳しい契約交渉や、上司が会計士で数字でしか会話ができない環境でビジネスの感覚が鍛えられたというエピソードから、このようなことを語られています。

・ビジネスを何と訳しますか。僕は「商い」とするのが正しいと思うんですね。そして商いには理念が必要だと思います。それをしっかり持っていないと、例えば不況の時は耐えられません。理念があればあとはそろばんでいいんです。

・僕ら劇団四季は何を商っているかといったら「喜び」だと思います。われわれの喜びとは、「生きる喜び」です。それが演劇の商いの基本です。

・これが明確になればあとは問題は二つしかなくなる。一つは合理的におカネを儲けること、組織維持のためですね。二つ目は所属員の生活保障です。

浅利さんは、商いについてはっきりと語っておられます。会計・財務は「あとはそろばんでいいんです」という「そろばん」の話で、会計は「合理的におカネを儲ける」ために必要な知識です。

劇団四季は四季株式会社が運営し、上演作品のクオリティは言うまでもありませんが、業績も2019年には売上高約240億円、営業利益約41億円となり、素晴らしい会社に成長されています（「四季株式会社　第54期決算公告」より引用）。

浅利さんが語られていたとおり、理念とそろばん、ともに高いレベルで両立されていることがわかります。

素晴らしい理念があっても、お金がなければその理念を実現するための投資ができませんし、どちらも必要な車の両輪だと私は思います。

自分も「商売人」であると実感せよ

お金をいただいて何かをする行為を、商い、商売、商取引などといいます。会社にお勤めすると、毎月決まったお給料をいただくので、実感が持ちにくいかもしれませんが、これも働いた結果に基づいてお金をいただいているものですので、実は立派な取引で、雇用契約という契約に基づく行為です。

「価値を提供するからお金をいただける」のであって「価値がある（ように見える）からお金がもらえる」のではありません。

少し言い回しを変えただけですが、これは大事な違いです。このようにお金をいただいて何かをする行為を、会計では「取引」と呼んでいます。会計は、この「取引」を記録する方法です。

Work 1

会計の本題に入る前に、まず簡単な例で商売や取引をイメージしましょう。たとえば、自分でコンビニエンスストアを始める、と想定してみてください。

- **お店を始めるときはどのような準備をしますか？**
- **その後、営業（販売活動）を開始するには何が必要でしょうか？**
- **無事に営業が開始されたら、どのようにお店は運営されるでしょうか？**

簡単な問題ですが、実際に自分で始めると思って考えてください。

まず、きちんと事業計画を立てることが必要ですが、それを前提に……と考えると、以下のようになります。

- **お店を始めるときはどのような準備をしますか？**

⇒店舗を借りる。コンビニの本部に加盟料を払う。設備や内装の工事をするなど。運営会社を作る、というのもありますね。

- **その後、営業（販売活動）を開始するには何が必要でしょうか？**

⇒店員さんを雇う、商品を仕入れる、近隣に開店を宣伝するなど。

- **営業を開始したら、どのようにお店は運営されるでしょうか？**

⇒お客さんが来て商品を買ってくれてお金を受け取ります。(売上) そして、店員さんのお給料を払ったり、家賃や光熱費を払ったり、さらに新たに商品を仕入れたりします。

どれもお金が動くものだと感じていただけるのではないでしょうか。そして、よく考えるとどれも普通のことだし、アルバイト先などで経験されている方も多いでしょう。つまり、実はどんな方も、意識せずに「商売人」になっているのです。

この一連の商いの活動 (取引) を記録する方法として「会計」があります。「会計とは取引を記録する仕組みである」という認識をここでは持ってください。

儲かっているのに倒産する?

ところで「会計」と並んで「財務」という言葉を聞くことも多いでしょう。

では、この二つは何が違うのでしょう?

お金に関係するという点では同じですが「会計」は、お金の出入りを伴う取引を記録する方法で「財務」は、お金自体の管理の方法という違いがあります。

会計は過去の事実を正しく記録することが役割で、財務はその結果を見ながら将来のお金の出入りを予測するなどして、お金が足らなくならないようにすることが役割です。

簡単に整理すると、会計は過去の記録、財務はそれを基に未来を予測するもの、となります。ですから、実は「会計」では儲かっていても、「財務」ではお金がないという事態が起きたりします。これは「黒字倒産」と言われますが、怖いですよね。

「どういうこと？　普通は赤字だから倒産するのでしょ？」と思うでしょう。でも**実際には、赤字が続いても倒産しないことも、黒字でも倒産してしまうこともある**のです。

たとえば、2020年のコロナ禍の始まりを思い出してください。当時、飲食店に休業・時間短縮要請が出されました。

このとき会計（過去）で見ると3月までは黒字だったお店が、4月からの休業で急に売上がなくなり、財務（未来）の観点では、お金が入ってこなくて支払が困難になり、経営が苦しくなる事例が続出しました。大手の飲食チェーンや、ホテルチェーンも、資金不足に陥り多数の店舗を閉鎖しました。

このように、会計の数字は過去からの集計なので黒字に見えていても、急な環境変化で運営資金の不足が限界を超えてしまうと、モノの仕入ができない、借入の返済ができないなどの問題が生じて、黒字なのに倒産する可能性があります。

もちろん、そもそも赤字だとそれ以前に資金がなくなりますが、お金については、過去も未来もどちらも考えるべき、ということが理解いただけると思います。

チケット代はどうする？
何人くらい集める？

「商いとは？」の感覚を何となく持っていただけましたか？

ではここで「自分でライブイベントを主催するとして、どうしたら儲かるか？」を想定してみたいと思います。

さて、イベントをやるのに必要なことは何でしょうか？

いろいろありますが、まずは企画。次に会場と出演者を確保することです。ここで、どのくらいの運営費用がかかるかが見えてきます。仲間内でやるとしてもノーギャラではキツいですね。ですので、ギャラもそれなりの金額になるでしょう。

いちばん難しいのはチケットの販売です。その前に、チケットの値段を決めないといけません。いくらでもいいということはないでしょう。運営にかかる費用をまかなわないといけないですし、かといってあんまり高いと買ってもらえないし……。

やむを得ず極端に安売りすると、その程度の舞台という期待値になってしまいます。演じるほうも何だか緊張感が抜けて、あまりいい作品にはならないのではないでしょうか。

この「チケット代をいくらにするか」を、商売では値決めといいますが、いちばん大事な問題だったりします。

高すぎても安すぎてもダメです。定価があるわけではないですが、実際には類似するもので何となくの相場はあります。それを参考に、最終的には自分たちで決めるものですが、ここが悩ましいところです。

この値決めですが、商売の世界では日常的におこなわれています。一般的には、欲しい人が多ければ値段は上がり、少なければ値段は下がります。あるいは多く作りすぎると安くなり、少ないと高くなりますね。

そう、価格というものは生き物で、つねに動いているのです。

世の中はたいてい需要と供給で表現できる

世の中で価格がついているものは、何らかの形で需要と供給がバランスされることにより、その価格が決まっていきます。

高すぎたら売れないし、安すぎると売れるけど儲からない……こうした需要と供給のバランスが取れるところで価格が決まっていくのは正しいことです。需要があるものは売れるし儲かるので、たくさん生産されます。あまり需要がないものは、その逆になります。需要や価格が生産量まで変えていくわけです。

価格の設定によって、世の中の経済の動きは大きく変わっていきます。需要と供給の図、これまでどこかの教科書で見られたことがあると思いますが、まさに次ページの図のとおり（ただし、この線は実際に見えるものではありません）です。

「少しでも稼ごう」「少しでも得をしたい」という人間の気持ちが価格を決めて、それが社会を動かしています。経済の仕組みというのは、実は人々の欲求によって形作られてきているのです。

需要と供給のバランス

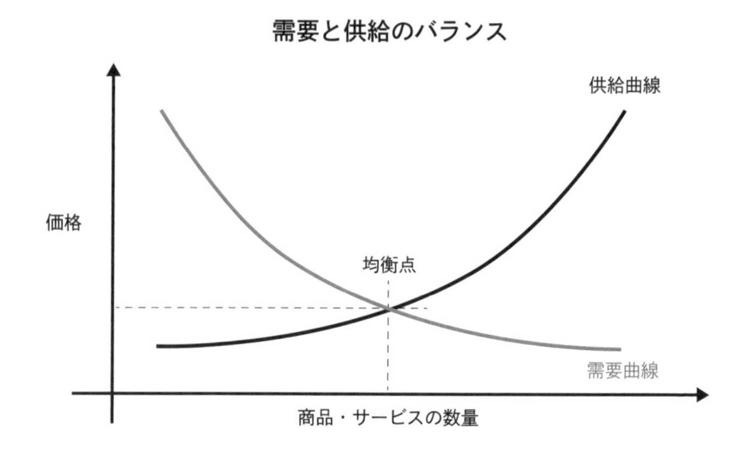

チケットは安ければよい？できるだけ高くする？

需要と供給の様子は、目で見ることはなかなか難しいです。でも売れ行きを見ていると、いい水準で決められたかどうかがわかると思います。安ければ売れやすいですが、安すぎてはかかる費用を回収できません。

また、見に来るお客さんも1万円の舞台と1,000円の舞台ではまるで期待値が違います。1万円だとプレッシャーかもしれませんが、逆に「1,000円にしてはよい舞台だった」という感想をいただいたとしたら、演者の皆さんはうれしいでしょうか？

舞台に限らずどんな仕事でも、ある程度期待してもらって、それがプレッシャーになり、その期待にしっかり応えようとしてレベルが上がっていくものです。

なので、しっかり稽古して自信をもって安売りをしないでチケットの値段を決めたいところです。

価値はお客様が「感じる」ものです。宴会の割り勘ではないので、実費がいくらかかっているからということで払うものではありません。堂々とよい舞台を体験してもらって、その値段以上の価値を感じていただければいいわけです。

需要に合わせて安くするという考え方ももちろんありですが、よい作品を提供して需要を増やして価格を高くするというのが健全な商売の考え方です。未来につながるサステナブルな形です。

高くした分以上に喜んでいただければそれでいいわけで、そのほうが演じる方々だけでなく、スタッフの皆さんも気合が入ってよいものになるのではないでしょうか。

もちろん、そのためには「神は細部に宿る」というか、細かいところにも気を配った質の高い舞台を提供する必要があります。簡単にできることではありませんが、しっかり作りこまれたものはお客さんにも伝わり、感動してくれる可能性は高いでしょう。

普通の仕事でも、表向きつじつまを合わせようとしたものと、細部まで考え抜いていろいろな角度から見ても矛盾がないようにしたものは、見る人が見れば違いはよくわかります。

つまり手間もかかるし、リスクもありますが、できる限りの努力を尽くし、自信と向上心をもって値段を決めましょう、ということです。それは、古くから人間が社会を発展させてきた基本的な原理でもあります。

ギャラの交渉は「前もって」「文面で」

少しキャッチーな見出しにしてみましたが、このような舞台を開催するときには何が大事でしょうか？

もちろん先に書いたように、チケットの値段を決めるとか、きちんと収支を考えるとかはあるのですが、それ以前に舞台をおこなうには、お客様にも決められた時間に来てもらうなど多くの方にプランどおりに動いていただかないといけないし、そもそも会場も借りないといけません。

こうしたときに、大事なことは約束です。厳密には契約と言ったほうがいいですが、この約束（契約）を皆さんに守っていただくこと、そして自分たちも守ることが大切です。

「お互いに約束を守るよね」と思っている状態を信用・信頼といいますが、世の中における活動はすべてこの約束・契約とその土台となる信用・信頼によって成り立っています。

どんなに条件が合う人でも、約束を守らない人は仕事・商売を一緒にすることはできません。極端な話ですが、チケットに書かれた日時に舞台を開かない劇団なんてあり得ないですよね。

では、この信用・信頼は何によって確保できるのでしょうか？

約束は、先に決めごとをするから約束なのであって、あとで決めるのでは約束になりません。そして、その約束した内容が何らかの記録に残っているということも大事です。

記憶ではありませんよ、記録です。ヒトの脳には、iCloudのような記録装置はありません。記憶はされますが、忘れやすいし、もちろん他人が確認できるものではありません。

なので、この約束・契約は（口頭でも有効なのですが）、見える形で記録として、あとで確認できるものでないと意味がありません。

人類は、古くから紙による記録で残してきました。記録方法としては確実性が高いですが、最近のテクノロジーの進化に合わせると、簡易的にはSNSやメールでもいいし、その他クラウドのサービス、ブロックチェーンによる記録などもあり得ます。

いずれにしろ何らかの形で、あとで確認できる方法で残したほうがいいです。演者さんならギャラの話はトラブルになることが多いそうなので、まさに「前もって」「文面で」条件を決めておくことを強くお勧めします。

仰々しい契約書ではかしこまりすぎて気まずいという場合は、SNSのメッセージでもいいでしょう。

単純ですが「言った・言わない」のトラブルが起きにくくなります。ここは大事なポイントです。専門用語は気にせず、とくにお金や時間など大事なことは記録に残していきましょう。

会計を知ると全体が見えてくる

商売の始め方みたいな内容になってきましたが、会計の知識を身につけていくとこのような話まで発展していくのです。

会計そのものは、まさにこの商売でやり取りされるさまざまな活動の記録の方法です。

もちろん、金額で大きさを記録していきますので、金額で測れるもの、お金が実際に動くものに限りますが、商売にしても会社にしても、その活動には何らかのお金が動きます。

たとえば、単純に事務所と取引先を移動した交通費の精算も会計の記録の対象です。

記録だけを見れば交通費1,000円を現金で支払ったというだけですが、その裏側にある事実としては「東京から横浜まで電車で往復した」ということになり、具体的な活動が記録されていきます。

会計の記録を見ると、それは実は会社の活動の記録でもあり、それぞれに具体的な内容が紐づいています。

ですので、会計の記録をよく読み込んでいくと、会社のある一定の期間における活動がストーリーとしてつながっていきます。

話を続けると、この横浜へ往復した商談の結果として販売契約が結ばれ、さっそく10日後に倉庫から商品を送って、売上になった、みたいな全体の流れが見えてきます。

全部会計の記録（契約締結のときは直接モノもお金も動かないので記録されませんが）ですし、会社の活動の記録です。

つまり、会計がわかると会社の活動がわかり、お金という共通の軸を通じて、つながりをもって理解できるのです。

「つながりをもって理解する」ことは、よい仕事をするためには必須の習慣なので、会計に限らず役立つセンスを身につけることができます。

なぜ「棚卸」という作業が必要なのか？

まだピンとこない方もいると思いますので、授業中に毎年言われる棚卸の話をご紹介します。受講生は大学生なので、アルバイトで飲食や物販などの店舗で働く方々が少なからずいまして、授業で棚卸の話をすると反応があります。

棚卸は、ある時点で在庫がどれほど（金額）あるか把握し、同時に実際に販売されたものの金額を確認することを目的に、それを店舗単位だけでなく会社全体で集計するという大きな話です。

この話をすると、多くの方たちから「アルバイト先でいつも月末に棚卸を指示されて在庫を数えているのですが、そういう大きな目的や意味があるのですね、改めて真剣にやろうと思いました」というような反応が返ってきます。

簡単でお金をもらえる仕事とはいえ、意味もわからず数えるだけではつまらないですよね。

棚卸でやる作業は数えるだけです。それ以上でもそれ以下でもありません。**でも、その意味をわかって数えるのと、わからずに数えるのでは、作業のモチベーションがまるで違います。**

人間は何をやるにしても、その意味を求める生き物です。さらに意味を理解することで、よりよくできるように工夫しようと動く習性があります。

会計を知ることで、単純で意味のなさそうな作業から「これが何につながっているのか？」「どうしたらもっとよくなるのか？」などを考えるきっかけが生まれます。

大げさに言えば、自分の作業は大きな組織の中のほんの一部分のことだけど、それが全体で見たときにどんな意味があり、どう位置づけられているのかが想像できるようになるのです。

「木を見て森を見ず」という言葉がありますが、これは悪い意味で使われますね。**会計がわかると、木を見てそこから森も見える（想像できる）ようになります。**そうなるといろいろな仕事が進めやすくなって、大きな成果を出せるようになります。

あなたの価値をどう高めるかが鍵

そして、会計を学んで思うことは、当たり前ですが、どんな事業も儲けないと続けられない、ということです。事業を存続・発展させていくにはきちんと稼ぐことが大事です。

そのためには、需要と供給のバランスを考えること。需要をいかに増やし、それに対応できる供給の体制を整えることが必要です。大きな会社だと分業されて実感しにくいのですが、これは会社だけではなくて、自分自身にも言えることでしょう。

人の価値に定価はありませんし、理由もなく高いお給料を払ってくれる会社はありません。あったとしても、それは会社が儲かっているからで、あなたの価値が高いからではないのです。

もちろん、もらえるものは気持ちよくもらっておけばいいとも言えますが、ここの「思い違い」は不幸のモトになります……。

基本的には、素晴らしい実績やすごい活躍をしてくれそうという期待があるから、その人に対する「需要」が生まれ、高いお給料につながるのです。

もし、価値以上の高いお給料をいただけているなら、より価値の高い人に置き換えられるリスクがあります。逆に、価値以上の仕事をしてくれる人は重宝されます（やり過ぎもよくないですが……）。

需要と供給は長い目で見ると必ずバランスが取れると考えれば、その意味を理解いただけるでしょう。そう思うと、自分を過大評価することなく、つねに謙虚でもいられます（ここ大事です）。

「大きな会社では高いお給料がもらえる」と思っている方もいますが、なぜその高いお給料をもらえるのか、なぜその会社がそれを払えているのか。そういうことを意識して仕事をしていくと、本当の意味で高い価値を発揮できる人に成長できるでしょう。

強気に値上げできるのはなぜ？

需要と供給のお話をしましたが、要するに、買いたい人がいるので値段が決まるのです。最近、値上げがいろいろなところで見られます。カフェやファストフードの値段も上がっています。

値上げ自体は、仕入のコストやアルバイトさんの時給も上がり費用が増えているため必要性は理解できますが、もっと本質的に「何で値上げできるのか？」と考えるとどうでしょうか。

これは、要するに「値上げしても買う人がいるから」ということに尽きます。値上げして買う人がいなくなれば、元も子もなくて、費用をまかなうどころか赤字です。

そうでないということは、買う人がいる。お客様はそれ相応もしくはそれ以上の価値を、その商品やサービスに対して認めている（ので買ってもらえる）ということなのです。

このような**需要と供給で価格が決まっていく世界を市場経済と呼んでいます**が、より値動きが激しいのは生鮮食品ですね。

魚市場、青果市場など、日々海産物・農産物が運ばれて競りがおこなわれ価格が決まっていきます。豊作だと安くなり、不作だと高くなる傾向がありますが、これは完全に需要と供給です。

その他のものも、毎日でなくても、少し長い期間、月や季節、年という単位で見ると、ほとんどの値段はどれも動いています。

ステルス値上げと揶揄されることがありますが、スナック菓子や飲料などで、年々内容量を減らしているものもあります。これは価格を据え置いた実質的な値上げなのですが、ブランド力がある商品はそれでも売れてしまいます。

大宮が住みたい街ランキングのベスト3に入っているワケ

その他、皆さんの住んでいる家の家賃も、その地域に住みたい人が増えると徐々に上がります。

大家さんが更新や新規入居の機会に値上げするからです。値上げで住んでいる人が退居しても、住みたい人がいれば入居するので、結局は高い値段で家賃が決まります。逆に住みたい人が減れば家賃は下がります。

以前、某住宅情報誌が発表している住みたい街ランキングに埼玉県の大宮（さいたま市）が3位になったというニュースを見かけました。利便性のよさと豊かな自然が魅力だそうです。

ランキングが高い＝人気があるということなので、家賃の相場も上がっていくでしょう。もちろん、即座に上がるものではないので、徐々に上がっていくということになります。

これもシビアに考えますと、契約更新の際に家賃を値上げし、仮にそれで入居者が不満に思って退居しても、人気があれば代わりの入居者がそれほど苦労せずに見つかるだろう、ということで、これが地域全体で起こることで上がっていくわけです。

大家さんは、より高い家賃を望むはずなので、その地域が住みたい街ランキングの上位になってほしいと願うのが自然です。

そうすると、大家さんは少し気の長い話ですが、地域の価値を高める違う活動をするようになるかもしれません。

たとえば、大手不動産会社が公共性の高い「街づくり」に力を入れるのも、同じような動機があります。街の再開発は、地域社会の活性化などの社会的意義とともに、それによって、ビルや住宅の家賃・価格を上げたい、より多くの人に集まってもらい、商業施設の売上を大きくしたいなどの目的があります。

大規模な再開発は、たしかに公共性は高いですが、決して慈善事業でおこなっているものではありません。商業的な成功は自治体の税収アップになるので、周辺地域の発展につながります。

このように、人々の努力を促して、活動を起こさせていく力が「価格（市場経済）」にはあるのです。大宮が3位に躍進できたのも、きっと地域の皆さんがこのような価値を高める活動に取り組まれてきた結果なのだと思います。

第2章

会計は「4色」だ

そもそもお金とは何か？　会社とは何か？

第１章の話をまとめると、経済は基本的にすべて「価格」によって動いている、あるいは経済活動は「価格」でコントロールされていると言えます。そして取引において、その「価格」で物品やサービスと交換される（決済といいます）ものがお金（貨幣）です。このお金のことを決済手段と呼んだりもします。

ここで「お金とは何か？」を、改めて確認してみましょう。

何かの取引をするときに物々交換では非効率なので、太古の昔からお金（決済手段）はありました。貝殻が貨幣であったこともあるようです。貨幣の価値に関して、そのコミュニティでの共通認識（みんながそう信じている）があれば成り立ちます。

江戸時代の日本でも金貨、銀貨といった、それ自体に価値がある金属が貨幣として使われていました。金銀でなくても、理屈上は、みんながその価値を認めれば何でも貨幣になります（でも実際はそうはいかないので日本銀行があります）。

価値の裏づけのあるお金は信用できますが、金貨を持ち歩くのは重くて大変です。そこで金の保有を裏づけにした貨幣（紙幣）が生まれました。

ただ、これも金の産出量に限界があるので、世界経済の発展に伴い、国の信用をもとにした貨幣を発行する仕組みに変更しました。これも原理としては、貝殻の世界に逆戻りとも言えます。

さて、お金を使うと、お金はその後どのように世の中を渡っていくのでしょうか？

昔から「金は天下の回り物」と言われます。お金を使うと、そこからお店は仕入のお金や税金を払い、従業員の給料を払い、仕入先、国や自治体、従業員は、それぞれにさまざまな用途にお金を払います。まさに回っているのです。

お金は巡り巡って給料などの形でまた自分に戻ってくるもので、どこかでつながっています。**お金は経済の血液と言われますが、まさに経済活動を動かす大切な存在であることがわかります。**

違う側面から見ますと、日本では日本銀行が貨幣を発行しています。そして民間の銀行に、そのお金を貸しつけています。

そして銀行は、日本銀行から借りたお金をもとに、企業や個人への融資（貸付）の形で世の中にお金を流通させ、企業が投資をしたり、個人が買い物や商売をしてお金が回っていきます。

こちらの側面からも「金は天下の回りもの」です。お金の元締めは日本銀行で、日本中に出回るお金の総量を管理しています。お金は決済手段であると同時に、経済を回すための大事な役割を持つことがわかるでしょう。

では、会社って何でしょう？　人の集まり？

日常生活の中で「株式会社○○」はよく見かけます。「一般財団法人○○」という団体もあります。いずれも人の集まりですが、人が集まるとそれだけで会社などになれるのでしょうか？

たしかに人がいないと会社は活動できないと言えますが、逆に人がほとんどいなくても会社は作れます。この会社というものは、法人と言って「法」律上の「人」格のことですが、人と同じように契約を結ぶことができる存在です。

会社はただの人の集まりというだけではできなくて、法人として国に登録する必要があります。人には戸籍や住民登録がありますが、それと同じです。法人の場合は、登記と言います。

株式会社も財団法人もどちらも法人ですが、いくつか違いがあります。株式会社がわかるとほかも理解しやすいので、株式会社の成り立ちと仕組みを説明していきます。

船乗りから生まれた「株式会社」

「会社の活動を記録するのが会計」ですので、会社は実は会計の起源と重なるところはあるのですが、まず、会計はさかのぼると11～12世紀ごろのヨーロッパにたどりつきます（会社の誕生より早い）。

そのころは、北イタリアのヴェネツィアやジェノヴァなどを出港地として、イスラム圏の国々と香辛料や絹織物などの貿易取引がおこなわれていました。

このときはまだ地中海（それでも広い）の中ですが、船を出して買い付けに行くには多額の資金が必要なため「銀行」が誕生し、貸したお金を管理するために会計の仕組みの原型が生まれました。

その後15世紀に大航海時代に入り、船舶や航海の技術が発達して喜望峰（アフリカ大陸の最南端）回りのインド航路開設など、大規模でグローバルな貿易取引が始まりました。

こうした時代背景から、16〜17世紀に会社の仕組みが生まれました。会社の起源は、ヨーロッパの大航海時代のさなか、1602年に設立されたオランダ東インド会社と言われています。

この**株式会社は、小口の資金（資本）を多くの人から集めるとともに、その証拠に株式（株券）を発行しました**。この仕組みによって広く多額の資金を集めることができるようになりました。

当時の貿易は、まさに「大航海」で、遠方に買い付けに行っても船が難破してしまうこともあり、特にアフリカ大陸を大回りする喜望峰ルートは大変リスクの高い、危険な「商売」でした。

これを、仮に一人の資金（個人事業）でやろうとすると、うまく行けば儲けは大きいですが、失敗したら即破産の大バクチになります。そこで株式会社という仕組みで、多くの人がリスクをシェアすることで、失敗しても再挑戦しやすい仕組みが考えられました。簡単に言うと、小口に分けてお金を集めようということです。

でも、ここで考えられた株式のルールが画期的な発明でした。**株式（株券）は、一度出資をすると、会社からの返金はできないのですが、代わりに他人に売れるルールにしたのです。**

出資をした人は、換金したくなったら株式をほかの人に売ってお金にできますが、会社からはいっさい返金しません。つまり会社は、返さなくていいお金を得ることができます。

ただし、もちろん事業で儲かった成果は分配します。あとで説明する配当です。これは成果の分配なので、出資の払い戻しではありません。

つまり、この仕組みによって、会社は多額で返済不要な安定的な資金を集めやすくなったのです。

もちろん出資する人は、この株式で儲かることを期待して、お金を出しています。このように株式で資金(このお金を資本といいます)を集めて作られた会社を株式会社と呼んでいます。

根っこは非常にシンプルで、バランスがいい

この構図はシンプルですが、人の欲（強欲さや射幸心(しゃこうしん)）をじつに巧みに取り込んだ仕組みです。ここから、会社と会計の仕組みが発展して、世界中に広がっていきます。

でも、なぜ、そこから会社と会計の仕組みが世界中に広がるほどに発展したのでしょうか？

まず、大きなリスクを小さい単位に数多く分散することで、何かに投資をして利益を得たいけれどもそんなに大金は持っていない、という人たちから「広く」お金を集めやすくなります。

ここで「株式」の仕組みを使うことで、投資の単位を小さく分けることが可能になりました。

小さく分けても全体のリスクが減るわけではないのですが、単位が少額になると、そのくらいなら投資してみたいという人が増えます。これは需要と供給の話です。

さらに、株式は売ることはできますが、株主が個別に会社に買い取ってもらうことはできない（会社は返金しない）ルールになっています。このシンプルなルールが発展の秘訣となりました。なぜだと思いますか？

言い換えますと、つまり**会社は、儲け（利益）の分配はしますが、集めたお金は返さないので、安心して事業に投資できます。一方、株主は誰かに売ることができるので、お金が必要になっても（換金できるので）安心できるという仕組み**になっています。

これが（欲張りな）人間の本質（というか欲求）にぴったりはまったのでしょう、東インド会社から400年以上経った現在でも会社の基本ルールは世界中で同じです。

それが広がると、株式を売り買いするための仕組みも必要になり、株式を「広く」売買する株式市場ができました。

株式は事業に失敗したら無価値になりますので、途中で買って損をすると、トラブルを起こす可能性もあります。株式市場で一定のルールを定めることで、このようなケースを回避できます。

こうして、会社にとっても株主にとっても便利な仕組みができ、大規模な資金集めがしやすくなって、会社を設立する人たちが増えていったのです。

この株式会社の仕組み、儲けたいという投資家の皆さんの欲望をうまく吸収しながら、返さないで済むお金を確保したいという経営者の願望をしっかり実現しています。

お互いのニーズは一見かみ合わなそうなのですが、株式会社の仕組みによってうまく利害が一致して、大きな事業に取り組めるチャンスが広がりました。とてもバランスのよい仕組みです。

そして、株式を買ってくれた人に「その会社が本当に儲かっているか？」「安心できるのか？」ということを数字で伝える必要が生じ、そのルールとして会計の仕組みが確立しました。

この会社と会計の仕組みは中世ヨーロッパの時代から現代にいたるまで使われており、しかもほぼ世界共通のルールなのです。

株式会社の仕組みは「よくできている」

ここまでは株式会社というより株式の説明ばかりでしたが、ここから株式会社の仕組みを説明します。

株式会社は、お金の出し手である株主のものと言われます。実際、財産の分配や、運営方針決定への関与という点ではそう言えます。

でも通常、株主は会社の日常の運営には関与しません。オーナーは違いますが、それ以外の株主は基本的にそうです。

そこで、株主が株主総会で「投票」で経営者（取締役）を選び、その中から社長（代表取締役）が選ばれます。

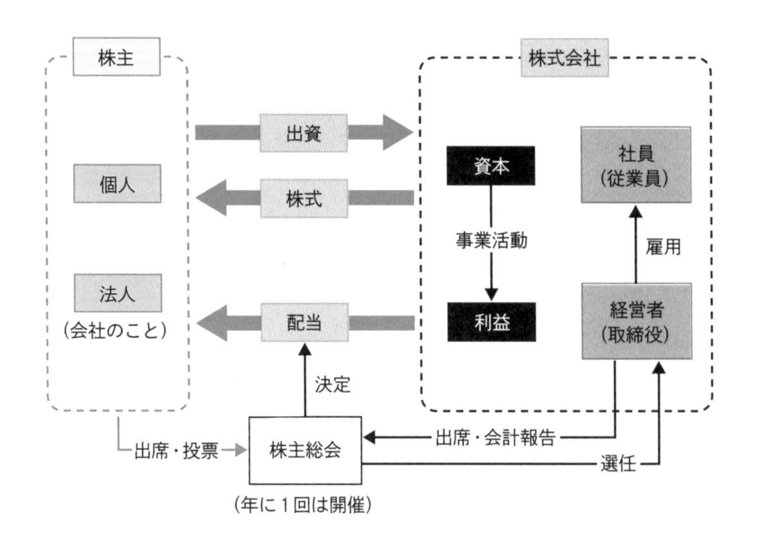

株式を購入して（値上がりで）一攫千金を狙う投資家である株主と、事業をきちんとマネジメントしながら会社のかじ取りをする経営者の関係が、ちょうどよく分離されていて、適度な緊張関係を保つように作られています。

選ばれた経営者（取締役）は株主総会で、会社運営の結果を会計報告という形で説明し、運営の結果生じた利益を株主に分配します（ここは数字の話なので会計が共通言語になります）。

これを配当といい、配当は会計の計算をもとにおこなわれるので、会計の計算が公正なルールにもとづくことが必要です。

不正な計算にもとづいて過剰な配当をすると、違法配当（出資の払い戻し）という法律違反になります（取り締まる法律があります）。それだけ会計の計算の正確性は重要なのです。

会計は世界の共通言語

会社と会計の仕組みは、中世ヨーロッパの時代から現代まで使われていて、しかもほぼ世界共通のルールだと説明しました。

実は先ほど説明した**「金は天下の回り物」というのも、日本国内だけの話ではなくて、世界中で言えること**なのです。

たとえば、海外に行くときなどに円とドルの交換レートを確認すると思いますが、これは日々刻々変化しています。

輸出入の代金決済や投資目的のために、実際に円を売ってドルを買う（またはその逆）という取引が切れ目なくおこなわれています。それだけお金が世の中に流れているということで、お金は国境をまたいで流通していることがわかるでしょう。

そして、お金をたくさん持っている人は、さらに増やすために投資をします。その投資の対象としてわかりやすいのが株式です。株価が上がると会社にも多くのメリットがありますので、経営者も世界中の投資家から投資してほしいと考えます。

となると、お互い求め合っているわけですが、そもそもの株式会社の仕組み・ルールが違っていると投資家が会社の内容を理解できず、投資してもらえなくなります。ですので、必然的にほぼ同じ仕組みにそろっていきました（お金の力は強いのです）。

さらに、株式の仕組みが共通なだけでは不十分で、その会社の業績をどう確認するかも重要になり、ここで会計の記録を投資家に見せていくことになります。**国によって会計の記録方法が違うと、投資家はまったく状況が理解できません。**

ある程度のローカルルールは許容される場合がありますが、あまりに違うと投資をしてもらえなくなります。それも困るので、投資をしやすい環境を整えるために基本的な部分は会計の記録・集計方法も世界共通になるように各国で調整されています。

会計の仕組みは長い歴史があり、現代のものの基礎は15世紀の中世イタリアで生まれました。原型は12〜13世紀からあったそうです（勘定の記録だけなら紀元前にさかのぼります）。

会計の仕組みを体系的にまとめたものとして、1494年にヴェネツィアで出版されたルカ・パチョーリ（Luca Pacioli）の『スムマ』（算術・幾何・比及び比例全書）が有名です。数学書ですが、その中に、簿記論として会計の方法を解説する章があるそうです。

会計（正確には複式簿記）の仕組みは、欧州の海洋貿易の活発化で広く使われるようになり、事業活動に不可欠な存在になりました。じつに500年以上も使われています。会計は、会社の活動を金額で記録し、その状態を正しく把握するのに必要です。

3つの目的
～会計の仕組みは何のためにある？

ところで、会計の仕組みは何のためにあるのでしょうか？

大きく分けて次の3つの目的があると私は考えています。

1．株主への配当の計算と会計報告のため
2．その会社のおこなっている事業の状況を把握するため
3．ほかの会社と同じ基準で比較するため

これら3つの視点から、会計の目的を説明していきます。

1．株主への配当の計算と会計報告のため

会社は、多くの人からお金を出してもらって設立されますが、お金を出した人（株主）は何のためにお金を出すのでしょうか？

言うまでもなく、通常は儲けるためです。たとえば100万円出したら、110万円になって返ってくることを期待しています。

ただし、株式は払い戻しが原則おこなわれないので、110万円（できればそれ以上）で「売れる」ことを期待します。あるいは、たとえば毎年10万円ずつ配当がもらえることを期待しています。つまり通常の株主は、値上がりか配当を求めているのです。

イベントを運営している会社を例に考えてみましょう。

まず、あるイベントを開催するのに、費用が1億円かかるとします。仮に、この費用をすべてイベント開催前に支払うなら1億円が先に必要です。これを出資者に出してもらうとします。

そして、イベントを実施したら1.1億円の売上になりました。差引すると、1,000万円のお金が増えたことになります。この差額のことを「利益」と呼び、その一部または全部を、お金を出した株主に分配します（通常は年間でまとめて計算。また利益には税金がかか

るので、差し引きすると3分の2程度に目減りします)。

この例では、出資者から見ると1億円を出したら、最大で1,000万円の分配（配当）をもらえることになります。もちろん、赤字だと1億円の資金が目減りして分配できません。

その会社は黒字か赤字か、利益はいくらで配当は出せるのかなど、会計は収支の計算を誰でもわかる共通のルールにもとづき、正しくおこなうための仕組みです。共通のルールでないと、何が正しいか誰も確認できず、信用できない状況になります。

このように、**会計の仕組みは本当に古くからあるお金の出入りの記録の仕方ですので、商いをおこなう普通の人が誰でも使えるように、原理は簡単**にできています。それが適切に運用されていると、取引をする人たちの間での信用が高まります。

2．その会社のおこなっている事業の状況を把握するため

次は、運営をする人の立場で考えましょう。経営者や事業主と言われる人です。

先ほどの例では、この人の報酬（給料）も費用の１億円に含まれます。このとき経営者は、次は1億円よりも少ない費用（支払）で運営できないか、1.1億円の売上をもっと増やせないだろうかと考えます。どちらも利益が増えて（たぶん）報酬も増えます。

このように、**商いを含む経済活動では○○をしたい、という動機づけが大事**です。もちろん、お金だけではなく社会貢献など、さまざまな動機が考えられます。

会社は、こうした「イベント（商業活動）」を繰り返します。すると、何にいくらお金がかかるか、前年や前月と比べてどうか、必要以上の費用がかかっていないかなどを分析したくなります。

また経験を積むと、どのくらいの売上で利益が出るか、売上が減ったらどうなるかという予想ができるようになります。興行収入の変動を予測し、企画することも継続するためには大切です。

このようなとき、会計の仕組みを知っていると、適切な対応を考えることができます。お金がなくなると活動そのものができなくなるので大事なポイントです。

また会計の記録の特徴として、収支の計算と同時にお金の残高が把握できるので「どれだけ儲けが出たのか？」と「どれだけお金が残っているのか？」がわかることがあげられます。
「金額」ですべて測定し、記録をパズルのように並べ替えると、これらの計算ができます。15世紀に生まれた仕組みなので、本質的にはExcelやSpreadsheetを使わず、紙とペンで計算できます。

この会計の仕組みを、だいたいでもいいので使いこなせると、どうやると儲け（利益）を増やすか、または急に売上が減ったときに何をしたらいいかを考えるヒントがつかめます。

会計を知っていて損はしませんし、むしろ知っていることで、会社・団体の経営が困った状況にならないように効果的な対応を考えることができます

なお、右ページの図がパズルのイメージです。

この各ピースの左右の組み合わせが会計の記録の特徴です。ピースの種類は収益、費用、資産、負債・資本の4種類で、大きさの差額として、利益（損失もあります）というピースが加わります。**左右同じ大きさにするのが絶対のルールです。**

この本では印刷の都合上、収益はグレー、費用は水色、資産は青色、負債・資本は黒色で色分けして表現します（差額の利益は白色です）。もちろん色分けはどれも決まりがあるわけではありません。

3．ほかの会社と同じ基準で比較するため

株主の立場で考えてください。株主はお金を投資する人（投資家）です。株券は他人に譲渡できると説明をしました。出資した金額（株数に換算されます）を他人に譲れます。なぜでしょう？

出資したお金は、会社に請求しても払い戻しをしない代わりに、誰かに売っていいというルールになっているからです。

これも会計の仕組みとともに、世界共通のルールです。資本はリスクを取る事業の元手で、簡単に払い戻しができると事業が継続できません。また「売っていい＝買っていい」なので、買う人はいい会社なのか確認したくなります。ここが会計の出番です。

株式は売り買いできるので、お金が株券という「モノ」に変わります。そうなると取引ができるので、**株券も需要と供給で価格（株価）が変わる**ことになります。

経営者が利益を増やしていると、株券の買い手がこの先も増えると期待して、株価が高くなります。ここで売り手と買い手の駆け引きが起きます。逆に、利益を減らしてしまうかもと思われたら株価は安くなります。

こうした取引を適正かつ効率的におこなうために、ある程度経済が発展した国には、たいてい株式市場があります。日本の代表的なものは東京証券取引所です。そして市場で取引される際、その株価の妥当性を測るために会計による計算が重要になります。

会計ではどれだけ儲かっているか、どれだけお金があるか（これは似ているようで違います）が計算されます。その会社が黒字か赤字か、稼いだお金が多いか少ないか（会計はこれらを「見える化」します）などの情報をもとに、株価が変わっていきます。

黒字でお金を稼げるところは人気がありますが、その分株価も高くなります。でも高すぎると、売りたい人が増えて株価が落ちます。市場の競りと同じ仕組みです。

現代では、たくさんの会社が株式を発行していて、日本では約3,900社の企業が東京証券取引所に上場し、一般の人が株式を買うことができます（2024年１月現在）。

株式を売り買いする人は、いろいろな会社を比較し、どれを買うか（もしくは売るか）決めています。その比較判断のために「共通の会計のルール」が必要なのです。これは先ほど説明したように、日本国内だけ共通ならよいということではありません。

お金は（両替さえできれば）簡単に国境を越えます。日本の企業でも、海外の投資家が株式を持っていることが多くあります。そうなると株主の視点からすると、会計のルールも多少の差はあってもいいが、世界共通であってほしいということになります。

ちなみに、最近は円安と言われていて、文字どおり円が安いということです。円やドルなどの通貨間で売り買いがされます。

投資や貿易代金支払いの際に、たとえば日本のモノを買う場合は円を買いますし、アメリカのモノならドルを買います。円とドルだけで言えば、ドル（つまりアメリカのモノ）を買いたいという人のほうが増えると、これも需要と供給でドルが高くなり、円が安くなるということになります。

もちろん、日本の企業全体の業績がよければ海外の投資家が日本に投資したくなるので、円が買われて円が高くなることが期待されます。このように、つねに世の中は相対的なバランスで成り立っているということも、覚えておくと良いと思います。

会計はただの数字ではない、パズルでありアートである

先ほどパズルの図をお見せしました。実際パズルのピースを合わせるように右と左の組み合わせを作って（左右は絶対に同じ高さです）それを並べて集計して会社の状況を見えるようにします。

会計では会社で発生する大量の「取引」を、必ず左右は同じ大きさにするルールを守って記録していきます。パズルの種類は4種類、組み合わせ方もだいたい決まっています。

パズルで記録したものは、どこまで行っても左右は同じ高さ（絶対のルール）です。それらを積み上げて色別に並べ替えると不思議なことに、会社の状態を描写した二つの資料ができあがります。

会計は起きた取引をそのまま記録していきますので、集計してできあがった資料は、会社の状態をそのまま表しているということになります。

芸術の世界の言葉で言うと、現実をあるがままに表現する写実主義とでも言いましょうか（ちょっと強引?）。いずれにしても、正しく描写されていることが是とされる作法です。

数字という表現手段で、会社の状況を経営に関係する人たちが理解できるようにしているのです。

そのような観点で、**会計は単なる数字の羅列ではなくパズルでありアートである**、と言うことができるでしょう。

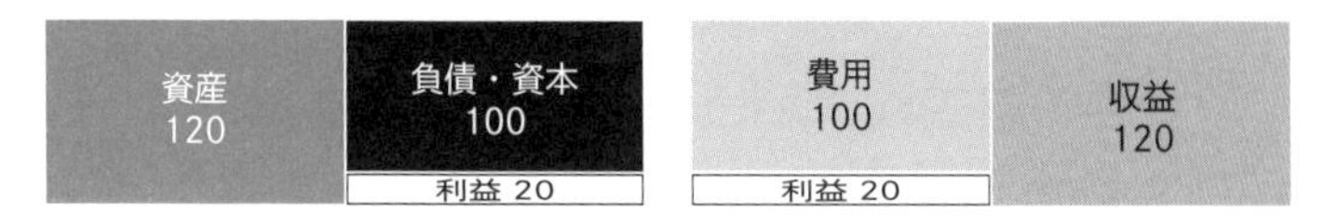

ということで、会計の仕組みを説明する前に、会計はアートでいう写実主義と考えていただいて「会計は正しく記録しないといけない」という原則があることを覚えてください。

記録の仕方（ルール）ですので正しく守るのが当然ですが、ウソをついて株価を上げたり、銀行からお金を借りたりする会社がたまに出てきます。一般に不正会計といわれるものです。

会計の目的はお金を貸してくれた人、出資してくれた人への報告ですから、ウソがあってはいけません。ということで、法律ではないですが、企業会計原則というルールがあり、その最初にこんなことが書かれています（全部で7つの原則があります）。

「1．真実性の原則」

企業会計は、企業の財政状態及び経営成績に関して、真実な報告を提供するものでなければならない。

まさに写実主義ですが、会計が正しく記録されているかは人類永遠の課題なので、不正防止だけでなく、経済環境の変化（新しい取引形態）への対応も含め、細かい改良が日々重ねられています。

ちなみに、そのほかは「2．正規の簿記の原則」「3．資本取引・損益取引区分の原則」「4．明瞭性の原則」「5．継続性の原則」「6．保守主義の原則」「7．単一性の原則」です。

ピースは左右対称に高さをそろえよう

では会計の仕組みが、実際にどう使われているのかを確認していきましょう。

単純すぎるかもしれませんが「100万円の現金を集めて100万円の費用を使ってイベントを開催したら、120万円の売上（たとえばチケット収入）があった」とします。

これを会計のやり方で表すと以下のようになります。まず、この色の違いに意味があります。今はあえて説明ははぶいていますが、それぞれ何を表すものでしたでしょうか？

「100万円の現金を集めて、100万円の費用を使いイベントを開催したら、120万円の売上があった」を図にすると「100万円を集めた」は黒色の「資本」で、集めた現金は青色の「資産」です。

そして「100万円の費用を使った」のは水色の「費用」です。これはイベント運営にかかった人件費、会場費、機材費などの合計です。

さらに「120万円の売上」はグレーの「収益」です。イベントのチケット収入で、たとえば1,200円×1,000人という計算です。

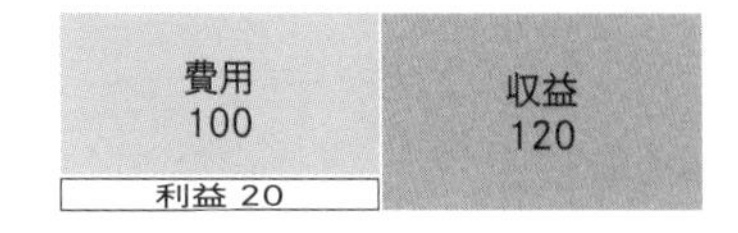

20万円儲かったのは差額で白色の「利益」です。結果的に現金が120万円残ったということで、120万円の青色の「資産（現金）」が存在します。会社であれば、資本を出した人は株主です。

この配置の意味はあとで説明しますが、ストーリーの出来事が一つずつ色の違うパズルのピースになっている点にぜひ注目してください。

次は配置の意味を説明します。青色（資産）を軸に話を整理しましょう。実は青色（資産）の位置は左側と決まっています。

黒色（資本）を集めて現金が100万円入ってきた。水色（費用）を払って現金が100万円出ていった。グレー（売上）としてチケットを売って、現金が120万円入ってきた……となります。

このように表現すると、青色（現金）以外はどれも何かの「行為」を表現していて、その結果として現金が動いていることに気づくでしょう。

つまり、このパズルは黒色・水色・グレーのいずれかと青色（現金）の組み合わせです。

こう考えると青色は、もともとの100万円が一時的に0円になり、その後120万円になるので、大きく増減します。その変動の結果として、120万円が残っています。

なので、最後の青色の120万円と最初の青色の100万円は取引の結果なので、中身が違うことを理解しておいてください。

会計はこのように、大きさを合わせるパズルです。計算は加減乗除（+－×÷）程度です。色の組み合わせも大事でして、ちょうどこの組み合わせは、同じ性質のもので正反対の意味のものの組み合わせになっています。

利益と書いてある白色は差分なので、通常は白色以外の4色で活動を記録し、その色ごとに集計するのが会計の記録方法です（その組み合わせの意味も、このあとで説明していきます）。

この図のように表現すると、イベントをやって利益が出て現金が20万円増えたことが容易に確認できます。白色は、このイベントで残せた利益ということです。

まずは計算よりも、この色の組み合わせのイメージを持つよう意識してください。

この後、資産は現金、収益は売上などの具体的な項目名で記載することもあります。色で区分を理解しながらお読みください。

実際にパズルで記録をしてみよう！

それでは、それぞれの取引を具体的に確認しましょう。組み合わせや配置の意味はあとで整理します。

まず資本を集めます。お金がないと何も始まりません。**パズルの左右の配置も意味がありますが「現金のプラスはつねに左上にある」と覚えてください。**理由は不明ですが、AIに質問してみたら中世イタリアのころからの習慣だと答えてくれました(笑)。

ここは考えてもしょうがないので、「決まり」として覚えてください。それ以外の配置は、この前提を置くことで説明が可能です。

まず、イベントをやるために10万円を10人から合計100万円の現金を集めたとします。現金がプラスなので、左側に書きます。そして資本を集めたという行為を右側に書きます。

ここでは、必ず右と左にセットでピースが揃うことと、この大きさは必ず同じであることを覚えてください。「100万円の“現金”を“集めた”のだから同じに決まっている」でOKです。

今度はイベントの準備をします。イベントにかかるお金をすべて先に払うと考えてください。ここでは、アーティストさんの出演費30万円、人件費20万円、会場費40万円、機材費10万円としましょう。全部で100万円です。

このように「費用を100万円、現金で支払った」結果が、この組み合わせです。現金（青色）のプラスはつねに左です（なのでマイナスはつねに右です）。

現金を払ったので今回はマイナスとなり、現金が右側に来ます。右と左は同じ大きさです。現金を右側に置いたので、費用は左側に来ます。右左の向き（というか位置）には大事な意味があります。

いよいよイベント本番。当日お客さんが1,000人来場し、1,200円のチケットが売り切れました。合計して120万円（会計は3桁で区切る慣習があり通常は1,200千円ですが、ここではわかりやすく万円にしています）です。

現金のほか、クレジットカード、交通系ＩＣやＱＲ決済などで受け取った場合も全部青色に入ります（後日現金になるものは売掛金と呼ばれますが詳しくは後ほど）。

「売上が120万円あって120万円の現金が入ってきた」結果がこのパズルです。現金のプラスは左です。お金が入ってきたので現金が左側に来ます。120万円の売上があったというのは右側に来ます。つねに現金を軸に考えていくとわかりやすいです。

さて、先ほどからパズルのピースの性質の話をしてきましたが、まずこの二つの性質はわかりますか？

費用と売上はどちらも会社（商売）の活動で、お金が出ていくものと入ってくるものの正反対の違いがあるということです。これはまさに商売の活動そのものなのです。次のような水色・グレーの組み合わせができあがります。

費用 100	売上 120

この組み合わせは通常、大きさがそろうことはあまりありません。売上が多いほうがいいですが、費用が多くなってしまうこともあります。差額が利益（もしくは損失）です。

次に青色・黒色の組み合わせは、資本を出してもらったときにこの組み合わせがありましたが、現金をモノと見立てると、それを得るための資金源が黒色になります。

ここでは資本としていますが、お金を借りること（負債）も黒色です（資本と借入の違いも後ほど）。資本を集めるのもお金を借りるのも商売では重要ですが、商売の活動自体（売り買い）ではないので水色・グレーとは区別されます。

※もし負債があれば負債・資本です

水色・グレーが会社の活動を表す組み合わせだとすれば、この青色・黒色は、会社の状態（いくら現金があり、いくら資本や借入があるかなど）を表す組み合わせとなります。

費用と売上とは違い、感覚的な理解が難しいかもですが、専門用語では、権利と義務の組み合わせです。詳しくはまた後ほど。

以上、ここまでで一通りの取引が終わりました。これらを集計してみるとどうなるでしょうか？

集計とは「バラバラのピース」を整えること

これまで会計を「パズルです」と表現してきたのは、これらの取引を最後に全部集めて並べ替えるからです。とりあえず置き方は何でもいいですが、取引をパズルのピースに見立てて、並べ替えをするので、全部集めてみます。

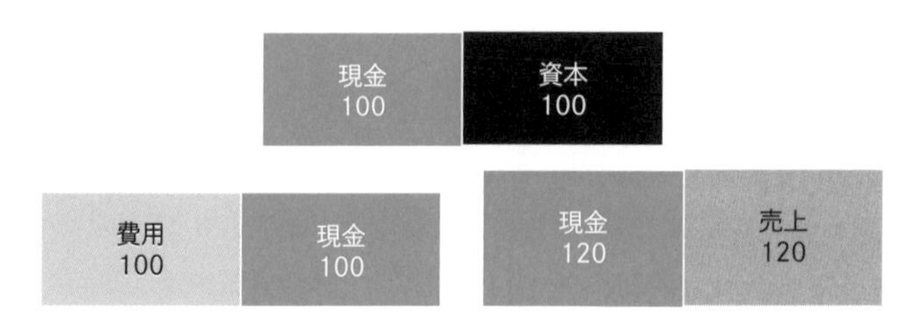

さらに集めた取引を積み重ねてみると、次のようになります。青色に注目すると、現金の出入りが見えてきますよね。

右と左に登場していますが数式と同じで、左右で同じ大きさの数字は消えます（相殺）。この右と左のあいだの境目は算数の数式の＝（イコール）と同じです。

現金 100	資本 100
費用 100	現金 100
現金 120	売上 120

パズルの右と左で大きさが同じものは消えていきますので、整理すると次のようになります。

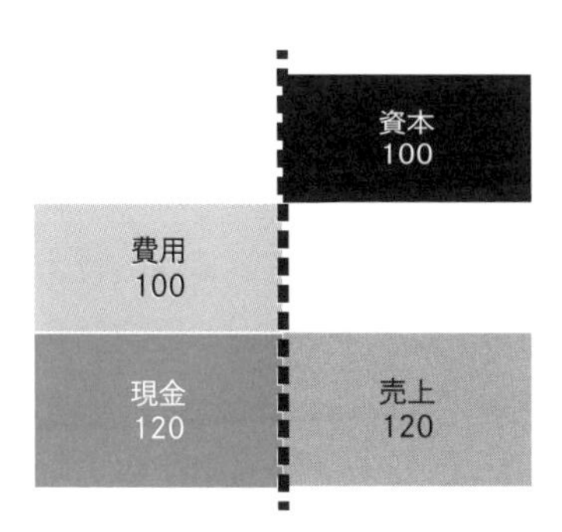

さらに、歯が抜けた櫛のようになったパズルを寄せます。

そして、並べ替えます。前に組み合わせのお話をしましたが、ここでそのルールが出てきます。

費用 100	資本 100
現金 120	売上 120

集計するときは、水色・グレー、青色と黒色が必ずペアになると決まっているので、改めてここで覚えてください（これも専門用語の「資本取引・損益取引区分の原則」というもので、お互いに種類が違うのです）。

さて、先ほどは何のために集計して並べ替えたのでしょうか？

それはこれらを2種類の組み合わせに分けるためです。前に説明したとおり、この組み合わせには大事な意味があります。

実際の会社では数多くの取引がありますので、この分ける作業（というかその前の色分け）を間違えないように、正しく記録・集計しないといけません。

費用
100

売上
120

現金
120

資本
100

ところで、取引は左右同じ大きさで記録すると説明してきたのに、分けてしまうと大きさが釣り合いませんよね？

それと、普通は売上より費用が少なくないと困りますよね？

実は、まだ集計直後の作業なので次のステップがあります。この合わない部分が儲け（利益）になるのです（逆もあります）。利益の計算をするために二つに分けた、とも言えます。

この大きさが合わないところが白色の利益です。利益はつまり左右の差額です。

「水色・グレー」「青色・黒色」のそれぞれの組み合わせで、差分の白色は同じ大きさになります。

この場合どちらも20です。

もともと、全体では左右同じ大きさだったものを、大きさの違う二つの組み合わせに分けたので、大きさの差は必ず同じになります。

次ページの図で確認してください。

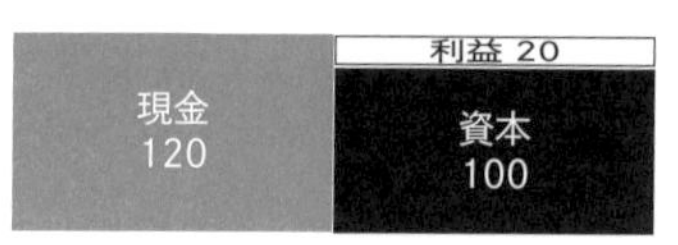

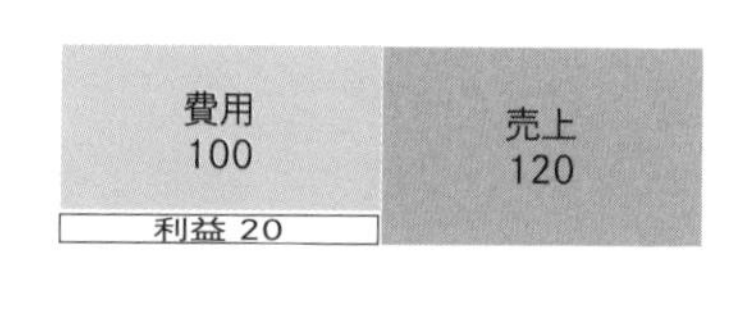

この分かれた結果はどういう意味になるでしょう？

右側の水色とグレーの組み合わせは「イベントでいくらもうかったか（経営成績）」で、左側の青色と黒色の組み合わせは「いくら資金を集め、いくら現金が残った（増えた）か（財政状態）」です。

手順としては、まずパズルのピースを作って（「取引の記録」）、それらを並べ替えて集計しました。

そして二つの色同士の組み合わせに切り分けます。

色同士の大きさは違うので、白色の差額（利益20）は必ず出てきますが、もともと同じ大きさの箱を二つに分けただけなので、つねに差額は同じです（ここ大事なポイントです）。

利益 20
現金
120
資本
100

費用
100
売上
120
利益 20

白色の差額が出ないときは、±ゼロなので稀です。もし儲かっていない場合は逆になります。

利益がマイナス20（損失が20）だと、現金は80に減ります。このような損失の場合は何が起こるでしょうか（千円単位で考えます）。

元手（資本）を割り込み、出資者に利益の配当はできませんし、次のイベントに100の費用をかけることもできません。損失20は売上80の場合なので、1,000人入ったけど800円でしかチケットが売れなかった、または1,000円で売れたけど800人しか入らなかったということです。これでは次に続きません。

この場合、利益は損失になって位置が変わります（区別のため色をグレーにしました。収益とかぶりますがご容赦ください）。

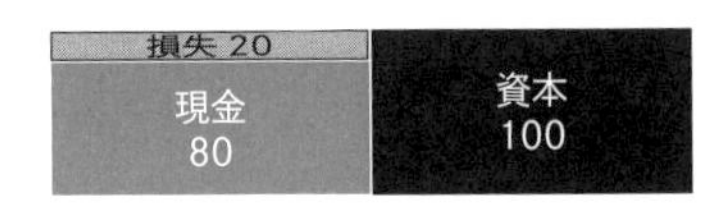

もしここで「事業をやめます」となると、どうなるか……。

出資の場合は返す義務がなく「失敗したのですみません」となりますが、お金を借りている場合は返せないと「物（担保）」で返すか、倒産するか（法律の手続きで清算）です（通常はモメます）。

いずれにしても困ったことになりますので、**会社の活動で利益が出たのか出なかったのかを正しく把握することは大切**です。それが会計の果たす重要な役割でもあります。

損失の話はしましたが、利益が出たほうで話を進めましょう。

もし出資してくれた人に配当を支払うことにすると、皆さん10万円出して2万円を受け取れたとなります。出資しただけで自分は働いてないのに2万円もらえたのです。まさに不労所得です。

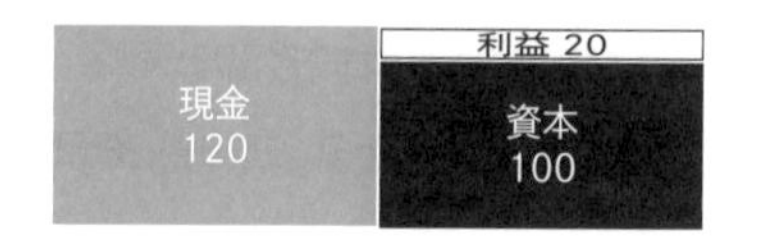

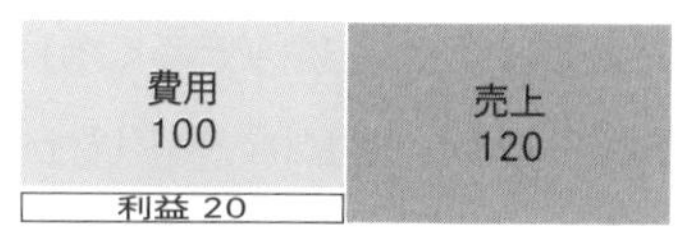

赤字になると出資した人は10万円が8万円に減り、配当はもらえません（配当は不労所得ですがこのようなリスクは取っています）。会計の取引は、実際にはこのパズルが無数に積み重なります。

当然、会計は会社で発生した取引をもらさず全部を正しく記録して、集計することがまずは重要になります。

現金 100	資本 100
費用 100	現金 100
現金 120	売上 120

このように集計結果で、たとえば現金が120万円あるとなった場合、本当にそれだけのものが残っているのかを確認します。

会計は事実を記録しますが、それがつねに正しいのかを違う方法で確認することで正確性を保っています。それだけ間違いやもれが起きやすいということです。

会計の感覚があると、二面的に確認しようという癖がついて、間違いを減らせます。この癖は結構仕事で役に立っています。

Work2

ここで少し想像力を働かせてみて、Work1で説明したコンビニエンスストア開店で生じる取引をどう記録しますか？

こんな説明をしましたね。

- **お店を始めるときはどのような準備をしますか？**

  ⇒店舗を借りる。コンビニの本部に加盟料を払う。設備や内装の工事をするなど。

- **その後、営業（販売活動）を開始するには何が必要でしょうか？**

  ⇒店員さんを雇う、商品を仕入れる、近隣に開店を宣伝するなど。

- **営業が開始されたら、どのようにお店は運営されていくでしょうか？**

  ⇒お客さんが来て商品を買ってくれてお金を受け取ります。(売上) そして、店員さんのお給料を払ったり、家賃や光熱費を払ったり、さらに新たに商品を仕入れたりします。

  図にすると、こんなイメージになります。

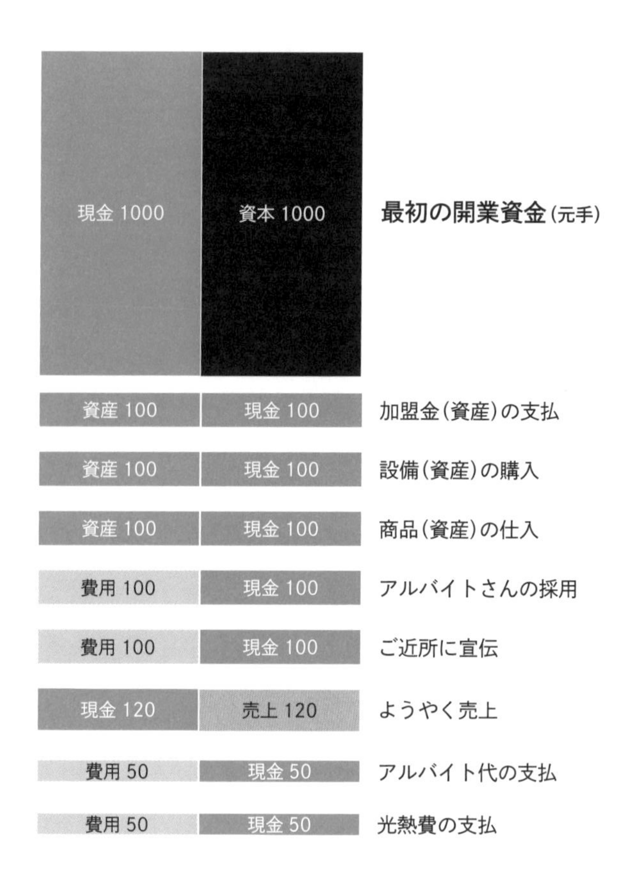

これをいったん全部集めてみます(最初の資本以外)。すると、次ページのようになりますね。

資産 100	現金 100
資産 100	現金 100
資産 100	現金 100
費用 100	現金 100
費用 100	現金 100
現金 120	売上 120
費用 50	現金 50
費用 50	現金 50

さらに、４種類の項目ごとに並べ替え（左）、集計すると下のようになります（右）。

なお、現金は左右に出てくるので区別します。

現金 120	現金 100
資産 100	現金 100
資産 100	現金 100
資産 100	現金 100
費用 100	現金 100
費用 100	現金 50
費用 50	現金 50
費用 50	売上 120

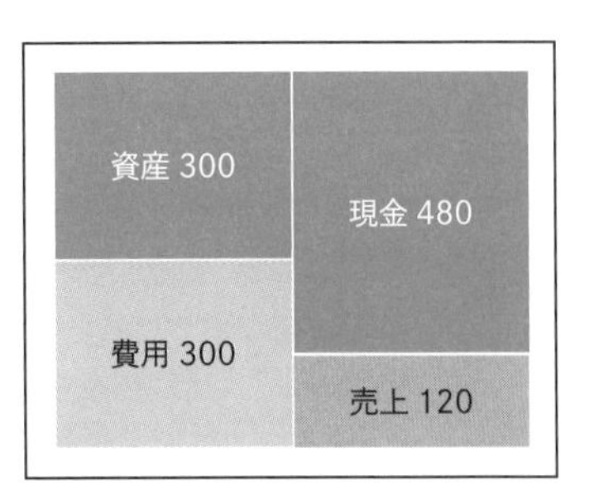

これを最初の資本と合算してみると次ページの図のようになります。

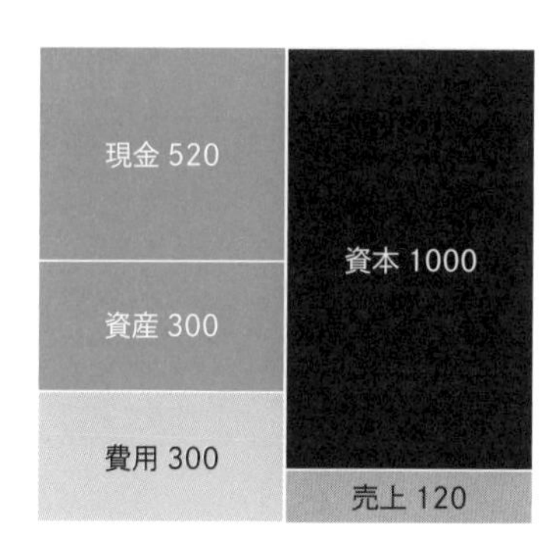

最後に二つの組み合わせに分けてみます。最初なので赤字です。

売上が増えていけば、どこかで黒字（利益）になります。

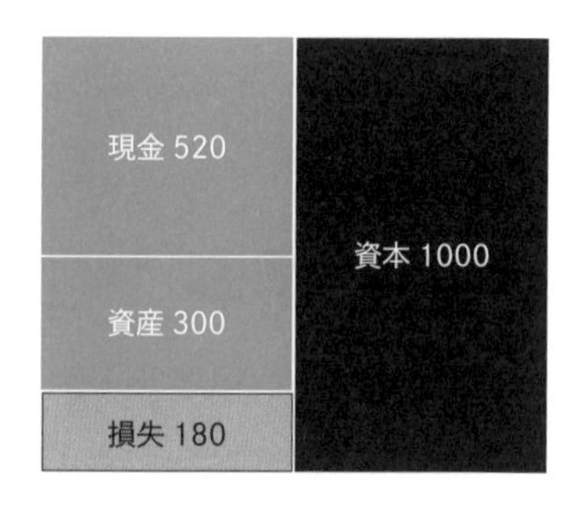

こんな流れで、会計の記録のイメージが持てるでしょうか？

なお、この例では現金だけ左右に登場しますので、左右を相殺しています。

会計力がないと才能も努力も意味がない

このように、会計は商業活動を、お金を軸に記録する役割を担っています。会計は過去の活動の記録ですが、それをもとに未来を予測してお金のやり繰りをすることを財務と説明しました。

これ、どちらも蔑（ないがし）ろにしてしまうと何が起きるでしょうか？

あまり回りくどく説明する必要もないと思いますが、お金が足らなくなって運営の継続が難しくなるということが言えます。

でも「ちゃんと儲けが出ているのだから問題はない」と考える方も多いです。

たしかに、全体を大きく見るとそのとおりです。でも、お金は経済社会の血液と言われるように、本物の血液と同じで一時的にでも流れが止まってしまうと生命体（この場合は事業主体）の存続に関わる事態になります。

つまり、ある瞬間にお金をちゃんと払えなくなり、そうなると信用がなくなって、商業活動ができなくなるということです。

「ちょっと待てばお金が入るんです！」と叫んでも約束のタイミングで払えなければ誰も相手にしてくれません。

また、もう一つ**忘れてはいけないのは、儲けた利益には税金がかかるということ**です。

近年は動画配信やフリマなどで収入を得る方が多くいますが、個人の活動であっても、これも売上ですので、会計の計算をして利益が出ていると税金がかかります。

税金の計算では通常の商業活動で出した利益とまったく同じ扱いで、**儲かったら税金がかかるというのは大事なポイント**です。

この税金、実は１年間の活動を集計し、あとで国などに納める仕組み（納税の義務）です。

つまり通常の商業活動において、お金の受け取りや支払を会計で記録し、その結果を税務署に申告して、あとで税金を払うことになるのです。

税金は、会計の資料から計算されます。つまり１年間の活動が終わったあとで計算して払います。そのため、忘れたころに多額の税金を払うことになり焦る、ということがよく起きています。

もちろん、赤字であれば儲かっていないので、利益にかかる税金は払う必要はありませんが、それだと趣味の活動以外は、そもそも事業として成り立っていませんので、存続自体が危ぶまれる事態となります。なお、赤字でもかかる税金もあります。

ですので、会計や財務の仕組み、全体的な流れがわかっていないと本業とは別のところで怖い目にあう……ということを感じていただけたのではないでしょうか。会計のことがまったくわからないとなってしまうと、お金のやり繰りがうまくできずせっかくの才能や長年の努力が活かせなくなってしまいます。

ビートルズはお金を人任せにして解散した

突然ビートルズの話を出しましたが、ビートルズが1975年に解散した原因の一つがこのお金の問題と言われています。

ロックを世界的に広めて大きな市場を作った先駆者ですが、世界的な成功のおかげで、多額の収入を得ることとなりました。

ビートルズのメンバーは、もともとお金に執着してはいなかったようですが、儲かるにおいがするところには下心のある者が集まってくるものです。多額の（というか天文学的な）収入があったので、納める税金も半端なものではありません。

また、当時のイギリスは富裕層への課税が厳しかったそうです。ですので、いろいろな節税（税金の節約）のアイデアを試したようなのですが、多くの節税は経費を使って利益を減らそうとするものです。なお、収入を隠したら脱税（犯罪）です。

「どうせ税金で取られるなら有効に使ってしまおう」ということなのですが、だいたいそんな動機で使うものは、財務の観点で厳格にコントロールされていることは少ないものです。

ビートルズの場合も例にもれず管理（管理を任せていた人が信用のない方だったようです）が杜撰（ずさん）だったため、お金や権利のことで大きな揉めごとになり、最終的に解散という手続きを取ることになったようです。

揉めるほど儲かっていたということですが、ハッピーエンドではありませんね。このあたりの真相を研究した書籍はいくつかあるので、ご興味があれば読んでみてください。

もちろん、アーティストの皆さんにおそらく得意分野ではない会計も含めて、何でも自分でやれ、というのは酷な話です。

とはいえ、お金に関して他人任せでやってしまうと、その人の能力が足らない場合や、悪い意図を持っている場合、自分の首を絞めてしまい、本業の活動ができなくなるようなこともあります。

ですので、詳しいことは専門家がサポートしますが（でも有料になってしまいます……）ご自身のために、最低限の知識は持っておくことをおススメします。

第3章

芸術的な会計記録をつくる

「芸術的」な会計って？

ここから具体的な会計のやり方に入ります。章タイトルで「芸術的な」と言い切ってしまうと、学術的にはとんでもないと専門の先生方に怒られてしまいそうですが、ここは私なりの思いを持って入れました。

会計は一定のルールにもとづいて記録をしていく（結果を作り込んでいく）という面では、まず工芸的な側面があります。

会計のルールは根本的なところでは世界共通で、それはそのとおりです。なので、方法論はある程度決まっています。

ですが、その工芸的な技法からできあがる成果物は、その会社または事業のオリジナルのものですし、しっかり読み解くと、1年間の活動の結果が破綻なく記録されて表現されています。

大げさかもしれませんが、会計の記録から1年間のストーリーが浮かんで見えます。

そこに表現されるものは、経営者のおこなってきた事業の活動そのものであり、それは経営者の感性・知恵・努力・運の結果の凝縮です（そのため複製は不可能です）。

もちろん美術館で鑑賞して楽しむようなものではありませんが、**経営者の思い（の結果）を表すものという観点から芸術的**という言い方をしました。

会計は数字の話でありながら、実際は人間くさい活動が表現されているものだということを、ここで感じてほしいです。

ビートルズの話ではないですが「あ､これは税金を減らしたかったのかな？」みたいな形跡も見えたりします。

会計や税金のルールを逸脱しない範囲なら問題はありません（もちろん範囲を逸脱したら脱税なので、違法行為でペナルティがあります）。

紙の上に書けば理想と現実がはっきりする

それでは、会計の記録の仕方に入っていきましょう。

ここまでは、なぜ会計が必要なのか、なぜ左と右に記録するのか、実際のビジネスがどうなっているのかといった背景を先に理解してもらうため、前置きを長く説明してきました。

会計はパズルで表せますが、その本質がわからないと、つながりがよく見えず、かつ少しだけ計算があるので、途中で（あるいは最初から）嫌いになってしまうことも多いのです。

そこでこの本では、会計の仕組みを大枠でいいので、まずは自分なりにつかんでいただきたいと思います。

会計が表すものは現実です。今どきは紙の上には書きませんが、しっかりと数字で表すことで理想と現実のギャップを見ることができ、次の活動に活かすことができます。

そういう意味でも、一定のルールにもとづいて表現していくことには意味があります。

それだけでなく、記録を紐解いていくと、そこで表されてきたもの、取引の流れそのものは、自分たちの会社の仕組みです。

お金の動きを確認することで、自分たちの会社の商売の仕組みが読み解けます。そこからよりよくするための打ち手を考えることもできます。ただの記録ではなくて、そこから会社の仕組み(ビジネスモデル）がわかるというのは面白いところです。

「4色図」の有効で簡単な使い方とは？

それでは、始めます。ここから先はパズルの中は3桁区切りで、千円単位にします。1,200は1,200千円で120万円です（会計の表記はこれが基本)。この感覚はぜひ慣れてください。

パズルには4＋1の5種類がありましたね。色で区別します。白色は差分なので、それ以外では4つ。水色とグレー、青色、黒色です。

改めて正式名称を整理します。

青色は資産、黒色は負債・資本です。水色は費用で、グレーは収益（売上）です。白色は利益です。「収益」と「利益」は語感が似ているけどまったく違うものなので区別してください。

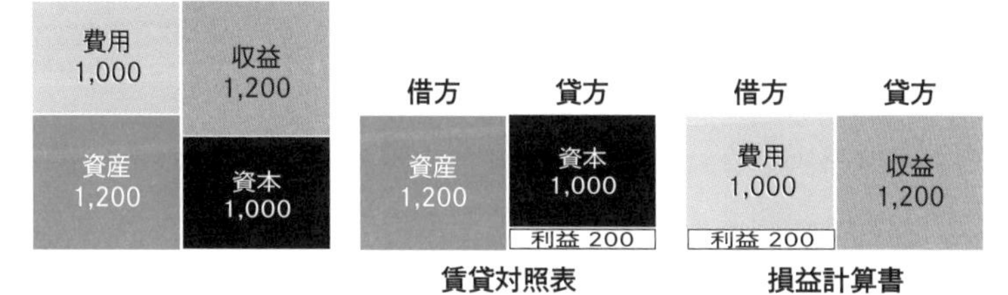

合計残高試算表を色別に集計して二つに分けると、会社の状態がわかります。

資産と負債・資本の組みが「財政状態」を表す貸借対照表、費用と収益の組みが「経営成績」を表す損益計算書、左側を借方（Debit）、右側を貸方（Credit）と呼びます。

４色のパズルを色別に再度確認します。

まず青色は実際にある資産、ここでは主に現金でした（資産の中身はもちろんほかにもあります）。この現金（預金）の増減を軸に、これまで見た取引を確認していきます。

「現金のプラスは左側」という原則をしっかりおさえておいてください。

費用
1,000
収益
1,200
資産
1,200
資本
1,000

負債・資本も費用も売上（収益）も現金が動きますが、まずは黒色の負債・資本から。はじまりは100万円（1,000千円）のお金を資本（株式）で集めました。これはこのように記録します。

資本は株主（出資者）にお金を出してもらったもの。株主はその証として株式（株券）を持ちます。

株式は会社が買い取らなくても、他人に譲れる株主の財産です。会社は、出してもらっている事実を記録します。

資産は会社（自分）のもの、負債・資本はその元手を出した株主や銀行、取引先等（他人）のものです。

 資産と負債・資本の関係を整理しよう

「出してもらった事実を記録」するという点を念頭に資産と負債・資本の関係をもう少し整理します。

次図の上半分は、株主からお金を出してもらって（黒色に記録）、100万円の現金が増えた（青色に記録）ということですが、実際には黒色には借入も含まれますので、それを追記します。

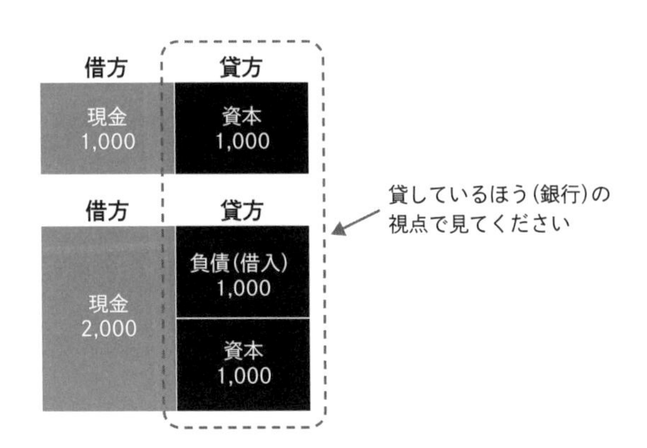

図の下半分のように、銀行からお金を借りて2倍の現金（資産）200万円を確保したとします。

銀行には返済する義務がありますが、返済をすべき借入がある、という事実を会計で負債に記録します。

また、**株主に現金を返すことはないですが、出してもらった事実は残るので、こちらは資本に記録**します。

借方、貸方の区分は貸している側（銀行）の視点から見るとわかります。貸方は右ということを軸にすると、反対の左側が借方となります。

とすると、貸方に負債（借入）が来て反対側の借方に現金（資産）が来るので、現金（資産）は左という話になります。

費用と収益（売上）の関係を整理しよう

水色の費用は、イベントの出演費、人件費、会場費などでした。

運営費用として、現金（資産）を100万円支払いました。

グレーの売上（収益）はチケットの売上です。チケットが売れて120万円の現金（資産）が入りました。

費用と売上（収益）の反対側に現金（資産）がきています。お金を使った事実と、お金が入ってきた事実を「費用を払った」という行為と「チケットを売り上げた」という行為の結果としてこのように記録していきます。

お金を借りたとか、資本を出してもらったのとは違う、実際の商売の活動の記録です（動きを想像してみてください）。

ここまでを集計すると、①になります。算数のように左右で同じものを消すと②になって（現金1,000が左右で同じ）、費用と売上（収益）だけに着目すると③になります。

これがイベントの収支（活動の記録）で、この部分が損益計算書になります。

そして、費用と収益（売上）の差額20万円、段差になっている白色の部分が利益を表します。

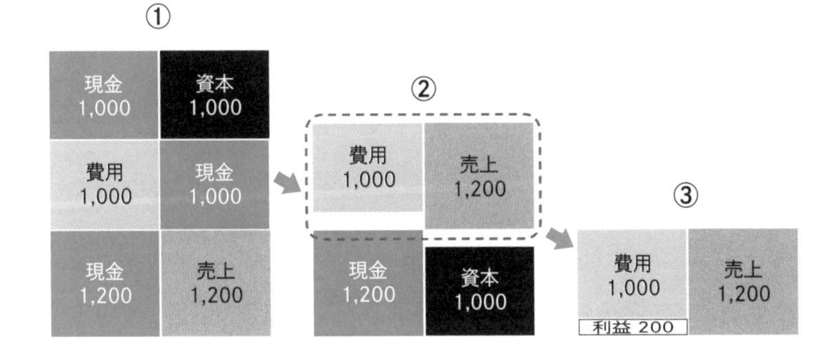

「貸借対照表」と「損益計算書」

次に､資産と負債･資本も見ていきます。次ページの図にご注目。再度②から始めて、資産と負債・資本だけに着目すると③′になります。この部分が貸借対照表になります。

イベントの結果、資産が増えています。負債・資本との差額、白色の部分は、20万円です。

③′は資本をいくら集めて、いくらの現金があるか（増えたか減ったか）という状態を記録しています。

白色の部分は費用と売上（収益）の差額と同額で、利益です。

パズルを見て、同じになる理由は明らかですね。

同じ利益を商取引の結果から見るのが損益計算書で、現金（資産）の増減で見るのが貸借対照表となります。

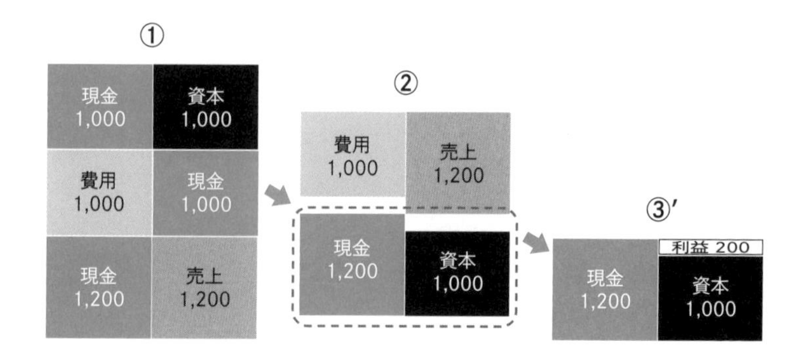

ここまでの話を整理します。

取引を集計した結果を二つの組み合わせに分けています。会計のプロセスは、この集計作業を会社全体でおこないます。

取引数がどれだけ増えても基本形は必ずこれで、最後に③と③′の二つに分けることが重要です。

これで会社の状態を2方面（経営成績と財政状態）から確認することができます。

損益計算書は、どのような売上（収益）に対し、どのような費用をかけて、いくら利益が出たかを表します。その会社のある年度の経営成績を表します。

貸借対照表は、どれだけ資本（元手）を集めて、上記の活動の結果、どれだけ現金（資産）が残せたかを表します。その会社の年度末時点の財政状態を表します。

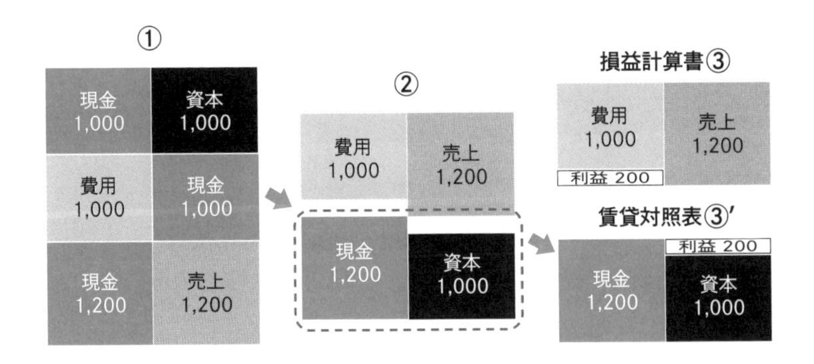

損益計算書も貸借対照表も、会社の状態を表す集計表として、経営者・株主・銀行の誰もが知りたい情報です。

左・右（借方・貸方）に分けて2面的に記録した結果（この方法を複式簿記といいます）、これらの二つの表が最後にできあがるのが会計の特徴です。

年が変わったら「貸借対照表」はどうするのか？

学生の方は、部活動などで経験があるかもしれませんが、会計の作業は毎年継続していきます（予算も毎年申請しますよね）。

毎年「現金がいくら残ったか？」を引き継いで（繰り越して）いくものです。

会計も通常1年で区切るので、年度を繰り越して引き継いでいく作業があります。

そこで「年が変わったらどうするのか？」を見ていきましょう。

会計では現金等（資産）と、お金を出してもらっている「事実」（負債・資本）を、年度を超えて継続していきます。

なので③′の資産と負債・資本、つまり貸借対照表の繰越処理が発生します。

翌年度に資産と負債・資本を引き継ぎます。利益の20万円は株主（出資者）に10万円を配当すると10万円が残るので、残った10万円分の利益を資本に合算し、新年度は110万円でスタートします。

費用と売上（収益）、つまり損益計算書は、費用の支払や売上を上げるという日常活動なので、年が変わるとリセットしてやり直しです。**資産と負債・資本のペアは蓄積されるものなので、会計の世界ではストックといいます。**

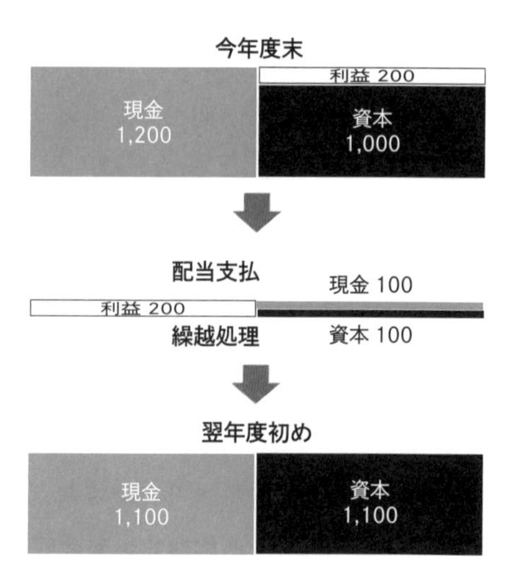

年が変わったら「損益計算書」はどうするのか？

毎回のイベントで儲かれば、費用と収益（売上）の差で利益がたまります。資産と負債・資本でも、会計の記録の構造上利益がたまっていきます。白色の部分が徐々に広がっていくのです。

会計ではイベントごとの活動を記録しますが、費用と収益（売上）は1年分の集計後、リセットされます（ゼロから再スタート）。

貸借対照表で説明したように、配当されずに残った利益は資本に合算されます。この利益は同一のもので、これは前ページの貸借対照表と同じ話を違う表現でしているだけです。

こちらの費用と収益（売上）のペアは毎年入れ替わるものなので、会計ではフローといいます（流れて消えていくニュアンス）。

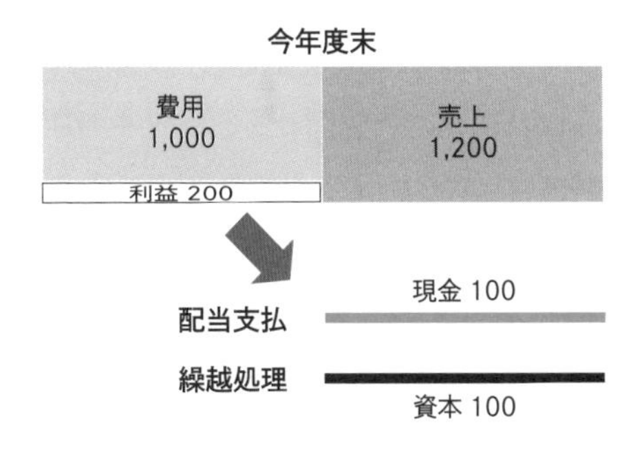

ここでは損益計算書と貸借対照表の扱いが違うことにご注目。未来に残るものを記録していくのが貸借対照表です。

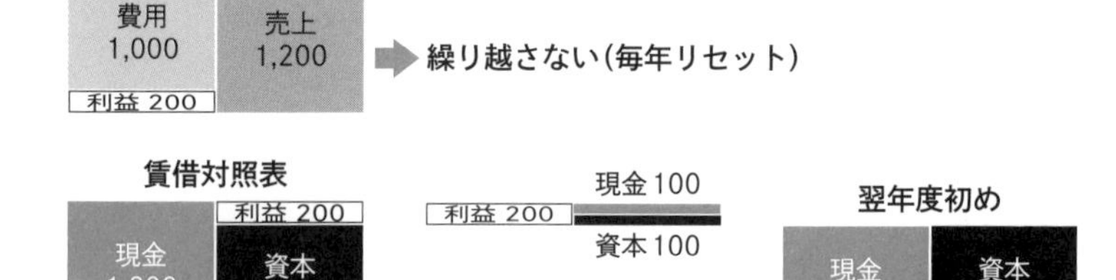

次ページの図は、年が変わるとどうなるかの図解です。

1年目は20万円の利益が出て、配当を10万円すると資産(現金)と資本が10万円ずつ増えます。2年目は30万円の利益が出て配当を15万円すると、資産と資本が15万円ずつ増えます。3年目以降も同様になります。

このように資産と負債・資本は毎年たまっていき(ストック)、費用と収益はその年の活動なので、リセットしてまた新たな活動がおこなわれます(フロー)。単純に取引をパズルで記録してきましたが、この分類の違いによって、取扱いが変わります。

資産と負債・資本に着目すると「会社には今いくらお金があるか(もちろんほかの財産も)」と「外部からどれだけお金を出してもらっているか」を把握できます(貸借対照表)。

さらに、費用と収益に着目すると「1年間でどれだけの売上と利益が出たのか」という会社の1年間の成績を把握できます(損益計算書)。

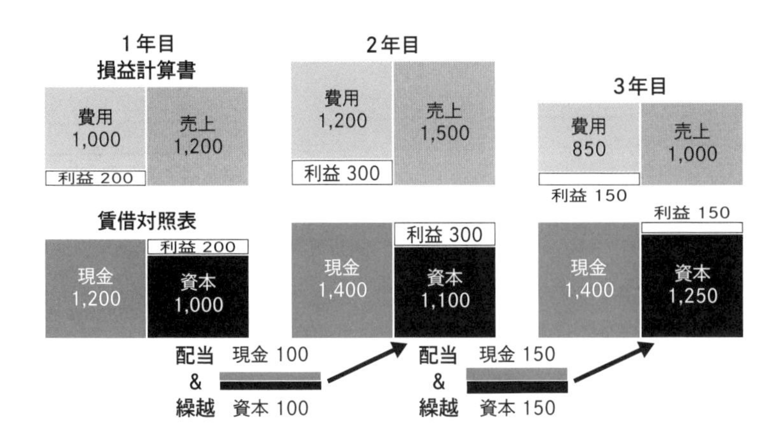

一つ一つの取引を左・右に同じ大きさで記録し、資産と負債・資本、費用と収益で各項目を分類して集計すると、このような情報がわかるのが会計の仕組みです（実際の分類は色ではなく、すべて名称でおこないます）。

Work3

損益計算書（フロー）は毎年リセットされ、貸借対照表（ストック）は積み重ねで継続していくという説明をしましたが、それぞれなぜでしょうか？

性質と機能（目的）の観点から、またフローとストックというキーワードも出しましたが、単語のイメージと合うかという観点から考えてみてください。

費用と収益＝フローはモノとして残らない活動なので、1年間でリセットされます。事業活動を１年間記録したものです。

一方、資産と負債・資本＝ストックは現金のほか、持っているモノやお金を出してもらった記録（借入・資本など）で約束（法律）上、消せないものです。事業の始まりから継続していきます。

なお、もう一つ大事なポイントがあります。費用と収益（売上）は必ず同じ時点（期間）で対応することです。同じイベントにかかった費用とその収益は必ず同じ時点で対応します。

当たり前に聞こえますが、後払いなどでお金の動きがずれると意外に間違うことがあります。

この対応を「費用収益対応の原則」とか「期間損益計算」といいます。支払（現金のマイナス）は今年したけれど、それは来年のイベントの費用であるというときは、資産に振り替えて繰り越します。これを前払費用といいます（詳しくは次章にて）。

これは「グッズを販売しようとして、仕入れたけど在庫として残ってしまった場合」と同じです。在庫も資産ですので、年を繰り越します（ただし売れないものは廃棄して、その年に費用にします）。

第4章

売上・仕入などの取引を記録する

売上取引を記録してみよう！

ここから実技に入ります。会計の記録の仕方ですが（これを簿記と言います）、分類ごとに具体的に見ていきましょう。

まず売上について説明します。公演チケットはどのように売れるでしょうか。個人に現金で売る／クレジットカードで売る／会社（チケットエージェンシー）に委託して売る／などがあります。

うしろの二つはチケットが売れても、すぐに現金が入りません。これも商売をしていく上では注意が必要なポイントです。

これらの取引を以下の形で記録します。**これを「仕訳」といい、現金、売掛金、売上という項目を「勘定科目」と呼びます。**

仕訳の基本形はこうなのですが、左右の配置は大丈夫ですか？

①現金　　1,200千円／売上　1,200千円
②売掛金　1,200千円／売上　1,200千円

実際にはクレジットカード等の決済手数料や、チケットエージェンシーの販売手数料がかかるのでこうなります（手数料は主催者負担、個人負担のどちらもあります。ここではチケット代の10%とします）。まだ慣れないかもしれませんが、千円単位で表記していきます。

③売掛金　1,080千円／売上　1,200千円
　支払手数料　120千円

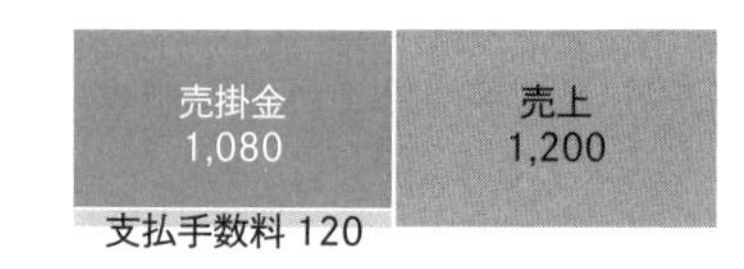

売掛金って何？

商取引では、先にモノを渡し代金は後払いということが一般的です。もちろん一見さんというか、まったく実績のない初回取引などはまだ信用がないので、後払いにはできません。相手を信用して後払いにしているというだけですので。

クレジットカード会社も、通常は1か月分をまとめて後日の支払になります。なので、**チケットは売れても現金が入っていないという状態が生じ、この状態を「売掛金」**と表現します。

後払いでの販売を、昔から掛け売りと呼んでいまして、そこから売掛金という名前になっています。

なお、クレジットカード等も決済手数料がかかります。自分たちの代わりに代金の請求と回収をしてくれるという形なので。チケットの販売でもそうですが、誰かに何かの業務を依頼すると手数料がかかり、その分実質的な売上が目減りしていきます。

この売掛金も資産の一つなので青色です。今後も青色の項目が増えていきます。費用は左側（借方）でしたね。

ここで水色も出てきました。支払手数料という費用です。クレジットカード会社やチケットエージェンシー等を使うと手数料がかかります。仮に10%としていますが実際にはさまざまです。

「売上の収入」はどう記録されるのか

その他、イベントの場合、企業からの協賛金や、自治体や省庁からの助成金が受け取れる場合があります。この場合の仕訳は、以下のようになります。細かい話ですが、協賛金と助成金では性質が違うので、使っている勘定科目が異なります。これはまた、損益計算書で表示する場所も変わってきます。

①現金　100千円／売上　100千円（協賛金）

②現金　100千円／雑収入　100千円（助成金）

現金 100	売上 100
現金 100	雑収入 100

あとでもらえる約束なら（通常はこちら）以下のように記録します。現金、売掛金、未収入金は青色、売上、雑収入はグレーです。

③売掛金　　100千円／売上　100千円（協賛金）
④未収入金　100千円／雑収入100千円（助成金）

売掛金 100	売上 100
未収入金 100	雑収入 100

売掛金は右側（貸方）が売上のとき、未収入金は右側（貸方）が雑収入などの売上以外の収入の場合に使う勘定科目です。

またWork3で、グッズの販売というお話をしました。公演などの貴重な収益源ですが、これをどう記録するか見てみましょう。

この場合も同じような仕訳になりますが、たとえば10万円分売れたらこう書きます。

①現金　100千円／売上　100千円

現金 100	売上 100

クレジットカード（QR決済なども含む）で売ったらこうなります。この売掛金は通常1か月後くらいに現金で振り込まれます。

②売掛金100千円／売上　100千円

売掛金 100	売上 100

以前「費用と収益（売上）が必ず対応する」と書きましたが、グッズ販売でもそのとおりに対応します。イベントなら人件費や機材費などでわかりやすいのですが、グッズの場合はモノを外から仕入れてきますのでどうなるでしょうか？

このあと費用について説明するので、確認していきましょう。

そういえば「前売券」ってあるよね？

そのとおり、むしろ通常は前売券が一般的ですね。主催者も当日券より前売券で（できれば全部）売りたいです。お金が先に入ってくるのでとてもありがたいのです（少し安くするのはこのため）。

この前売券、実は収益（売上）ではなく負債になります。借入金の並びです。でも、なぜ負債になるのでしょうか？

①現金　100千円／前受金　100千円

現金 100	前受金 100

前売りのときは、右側（貸方）は前受金（負債）として記録します。会計では、原則として「イベントがおこなわれたときに収益（売上）になる」べきと考えます。

しかし、前売券は先に現金が入ってからイベント開催まで月も年度もまたぐことがあるので、チケットが売れたときに収益（売上）にしてしまうと正しい計算になりません（期間損益計算）。

ですので、**売上になるまでの期間は前受金にしておくのです。**

また、クレジットカード等で売った場合は、あとで現金が入ってくるので、左側（借方）は売掛金を使います。

①′売掛金　100千円／前受金　100千円

売掛金 100	前受金 100

そして後日、売掛金が現金に変わる（会社の口座に振り込まれる）ときは、こうなります（まだ売上は立っていません）。

①″現金　100千円／売掛金　100千円

現金 100	売掛金 100

前売券は、販売時点で取引は起きているので記録が必要です。さらに後日イベントを提供する義務（義務は負債です）が生じているので、右側（貸方）は収益（売上）ではなく、“いったん”負債に記録します。もちろん“いったん”なので続きがあります。

会計では、この「あとで○○する義務」を負債と呼びます。性質は違いますが借入金と同様の考え方です（借入金はあとでお金を返す義務）。なので、前売券（前受金）も負債です。この状態を後日のイベント開催日まで取っておいて、イベント終了後にこのようにします。

②前受金　100千円／売上　100千円

前受金 100	売上 100

これで負債・資本から収益（売上）へ移り、ようやく売上です。長い道のりでしたが、これが前売券の構造です。②の仕訳は現金が動かないので案外見落としがちです。イベント実施時に売上に必ず移すように、気をつけないといけません。
「売掛金」と「前受金」の動きから時間軸をどうそろえるか、という感覚をぜひつかんでください。さらに、このようにパズルの右左の置き方で、プラスマイナスを記録していくということも視覚的につかんでいただけたらと思います。

ここまでの記録（仕訳）をまとめるとこうなります。

当日券販売時（現金）

①現金　100千円／売上　100千円

現金 100	売上 100

当日券販売時（売掛金）

②売掛金　100千円／売上　100千円

売掛金 100	売上 100

前売券販売時（現金）

③現金　100千円／前受金　100千円

現金 100	前受金 100

前売券販売時（売掛金）

④売掛金　100千円／前受金　100千円

売掛金 100	前受金 100

売掛金が入金されたとき（当日券も前売券も共通）

⑤現金　100千円／売掛金　100千円

現金 100	売掛金 100

イベントが開催されたとき

⑥前受金　100千円／売上　100千円

前受金 100	売上 100

Work4

売上と現金の組み合わせは単純ですが、売上と売掛金、前受金の組み合わせとなると時間のズレが複雑に生じて、混乱してしまうかもしれません。

それでは面倒なので「何でもかんでもお金が入ったときに売上でいいのでは？」と思いますか？

そういう考え方もあり得ますが、基本的には会計の原則では認められていません。それはなぜでしょうか？

会計では実現主義といって、取引実現の時点で収益にするからです。

ここまで、売上に関する取引について説明してきました。簿記はその仕組み上、必ず左・右（借方・貸方）で記録していきます。

それだけのものなのですが、勘定科目や数字の説明が先に出てきてしまうと混乱すると考えて、社会や会社の仕組み、会計の歴史などを下準備としてお話ししました。

簿記の原理自体は慣れればとても単純ですので、最初の違和感が取れてくれば、あとは記録のルールを覚える作業になります。

いずれにしても**仕訳は、ビジネスで起こり得る活動（取引）を勘定科目と数字（金額）で表現していくもの**です。

この方法で、すべての商売の活動を記録しようという試みは画期的であり、実際にできてしまいます。このように取引を一つ一つ紡いでいくことで、会社の実態を正しく表現できるというのは、なかなかよくできた仕組みですよね？

だからこそ世界中に広がり、何百年も続いているのだと思います。

仕入取引を記録しよう！

売上はお金をいただく行為ですが、何かを売るには何かを仕入れなければいけません。創作活動であっても、何らかの費用はかかりますよね。

会計ではお金の動きを記録していくわけなので、こちらのお金を使うほうも記録することになります。

仕入ではピンとこないと思うので、たとえば「舞台をやろう」としたときに、どんなお金がかかってくるか考えてみましょう。

考えただけでもたくさんありそうですが、日芸のとある授業での教材から事例を引用します（一部書き換えました）。舞台の予算を立てるときには、これだけの項目を考えないといけません。

- **劇場使用料**
- **文芸費、プラン料**

  （翻訳使用料、演出料、振付料、作曲料、音楽使用料、美術プラン料、衣裳デザイン料、照明プラン料、音響デザイン料）
- **舞台製作費**

  （大道具製作費、小道具製作費、照明機材費、音響機材費、映像レンタル代、衣裳製作費、かつら代）
- **舞台人件費**

  （舞台監督料、舞台監督助手料、照明人件費、音響人件費、映像人件費、衣裳人件費、ヘアメイク人件費、制作助手人件費、制作人件費、プロデューサー費）
- **出演料**
- **広報宣伝費**

  （デザイン料、印刷費、広告費、雑費）

細かいですがそれぞれの項目を見ていくと、納得できるものばかりだと思います。

これらは直接売上に対応する費用なので「売上原価」と呼ばれます。通常「仕入」というと、この売上原価に分類される取引となります。

そのほか、ここにはないものですが、劇団であれば会社もしくは団体の組織全体の運営費（電気代や事務方のお給料など）も必然的にかかってきます。学校でも運営費はかかります。

このような組織の運営にかかる費用のことを「販売費・一般管理費」と呼んで区分しています。費用については大きく分けると、この二つの区分（細かいものはほかにもあります）がある、ということをまず頭に入れておいてください。

そして「売上」から「売上原価」を引いて（ここの差し引き結果は「売上総利益」と呼ばれています）、さらに「販売費・一般管理費」を引いて「利益（営業利益）」が計算されるのです。

なお、上記以外の費用もあるので、最終的な利益（当期純利益）はさらに違う数字になります。

劇場関連の費用は多岐にわたりますが、会計の資料においては、この項目を全部表記していると資料が読みにくくて困りますので、売上に直接かかわる費用については「売上原価」で一本化しています。

費用の記録（仕訳）とは？

費用は以下のように記録（仕訳）されます。まず売上原価から。

①売上原価　1,000千円／現金　1,000千円

売上原価（舞台製作費）のように区別して書くこともできますが、最終的には売上原価で集計できればOKです。売上原価は、会社や事業ごとに内容がさまざまで、一般化が困難なので内訳は別の表で管理することが多いです。

次に販売費・一般管理費ですが、こちらは逆に用途により名称（勘定科目といいます）を変えます。給料手当、法定福利費、福利厚生費、地代家賃、水道光熱費、広告宣伝費、販売促進費、租税公課、旅費交通費などです。

②広告宣伝費　1,000千円／現金　1,000千円

広告宣伝費 1,000	現金 1,000

これらはほぼ共通語です。減価償却費という聞きなれない勘定

科目もありますが、あとで触れます。

広告宣伝費は一般的に販売費・一般管理費なのですが、舞台のために制作するフライヤーなどは売上原価に入れるのが妥当かもしれません（どちらでも最終的な利益の計算には影響ありません）。

また、売上では売掛金という、あとで代金を受け取る場合がありました。費用の場合も、売上は相手の費用、費用は相手の売上と考えると裏表の関係ですので、もちろん後払いがあります。

次のように仕訳します。右側（貸方）は青色が黒色に変わります。

①売上原価　　1,000千円／買掛金　1,000千円
②広告宣伝費　1,000千円／未払金　1,000千円

借方	貸方
売上原価 1,000	買掛金 1,000
広告宣伝費 1,000	未払金 1,000

売上原価に対しては「買掛金」といい、売掛金の逆です。販売費・一般管理費に対しては「未払金」といいます。

買掛金も未払金も後払いを記録する機能は同じですが、内容によって使う勘定科目が異なります。売上では、直接売上に関わるものは売掛金で、そうでないものは未収入金でした。こちらも同じです。

損益計算書では、売上・売上原価に関わる取引（各公演に直接関

わる一連の取引）と、販売費・一般管理費に関わる取引を区分する構成になっています。貸借対照表でも、売上取引に関わる債権債務（売掛金・買掛金）と、それ以外を区別するようになっています。

後払いの支払は忘れずに

買掛金も未払金も、絶対に期日に支払うのを忘れてはいけません。仕入れた月の翌月末に払うことが一般的です。お金の支払は商売の信用の基本です。逆になかなか払ってくれない人は要注意です（もちろん、そのような方とはお取引をしないほうがいいです）。

そして、支払うときにはこういう仕訳になります。

①買掛金　1,000千円／現金　1,000千円
②未払金　1,000千円／現金　1,000千円

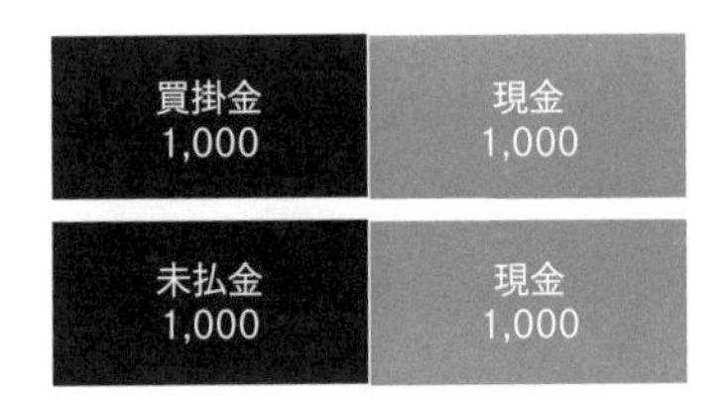

繰り返しますが､会計はタイミング合わせが大事で､時差があってはいけません。**支払（現金のマイナス）は今年したのだけれど、内容は来年のイベントの費用だ、というものがあると、資産に振り替えて繰り越します。これは前払費用といいます。**

これを解説すると、まず今年の費用であれば、通常はこのように記録（仕訳）します。

①売上原価　1,000千円／現金　1,000千円

売上原価 1,000	現金 1,000

ところが、年度末にそのうち半分は前払いで、来年の費用だったことがわかりました。そこで前払費用に変更します。

②前払費用　500千円／売上原価　500千円

前払費用 500	売上原価 500

そして、来年のイベント時に再度（正式に）売上原価にします。

③売上原価　500千円／前払費用　500千円

売上原価 500	前払費用 500

これらをまとめると、まず現金払いのときはこうなります。

①売上原価　　1,000千円／現金　1,000千円
②広告宣伝費　1,000千円／現金　1,000千円

売上原価 1,000	現金 1,000
広告宣伝費 1,000	現金 1,000

次に後日払いです。①②の現金払いとの違いに要注意です。

③売上原価　1,000千円／買掛金　1,000千円
④広告宣伝費1,000千円／未払金　1,000千円

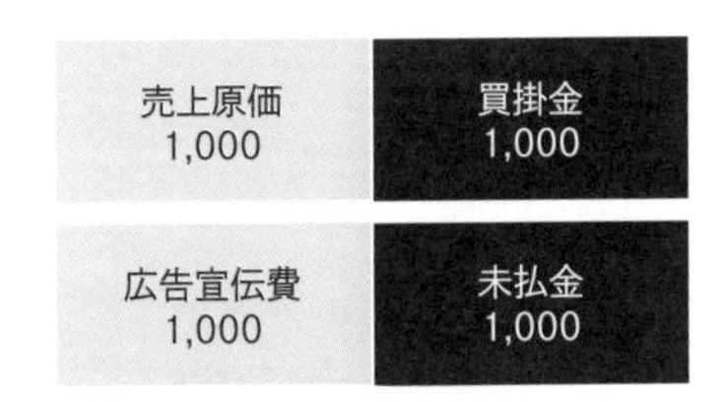

③④で後日、あとで代金を払うときはこうなります。

⑤買掛金　1,000千円／現金　1,000千円
⑥未払金　1,000千円／現金　1,000千円

買掛金 1,000	現金 1,000
未払金 1,000	現金 1,000

支払ったものの一部が来年分の前払いであるときの仕訳は⑦、それを次の年の実際に費用として使ったときの仕訳は⑧です。

⑦前払費用　500千円／売上原価　500千円
⑧売上原価　500千円／前払費用　500千円

前払費用 500	売上原価 500
売上原価 500	前払費用 500

以下、時間の流れで表現してみました。

売上の取引も入れてみましたが、なんとなくでも全体像が理解できますか？

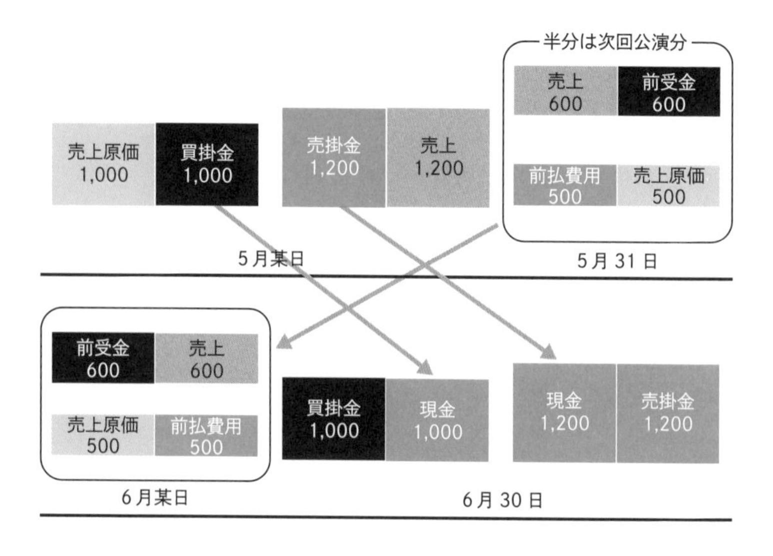

Work5

あなたは小さなの舞台の企画をやることになりました。

元手は２万円です。制作にかかった費用10万円は、公演日に委託していた会社から請求書が届きました。でも、この支払は来月でよいそうです。

チケットは全部当日券でしたが、事前に宣伝していたおかげで予定していた100枚（1枚2,000円）は全部売り切れました。演者で出てくれた友人に出演料として４万円を現金で払いました。会場の費用は２万円を現金で“先に払って”いました。

さて、公演の日には手許に現金はいくらありますか？

また、この公演では利益がいくら出たでしょうか？

では、パズルを組み立てながら一緒に考えてみましょう。

①現金　20千円／資本　20千円

②売上原価　100千円　／買掛金　100千円

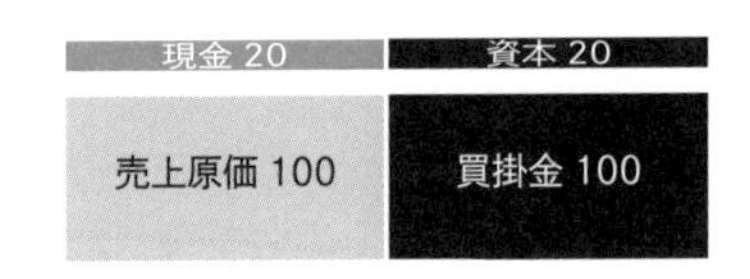

③現金　　　200千円／売上　200千円

④売上原価　40千円／現金　40千円

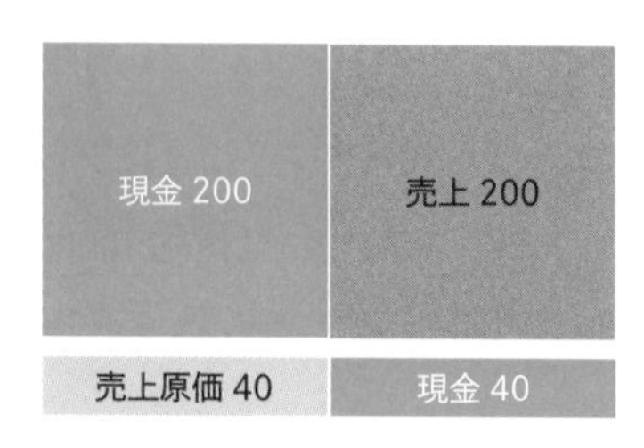

⑤前払費用　20千円／現金　20千円

⑥売上原価　20千円／前払費用　20千円

前払費用 20　現金 20
売上原価 20　前払費用 20

次は取引を全部集計します。

さらに、左右同じ金額で相殺できるものはしてしまいます。一瞬見た目が悪くなります。

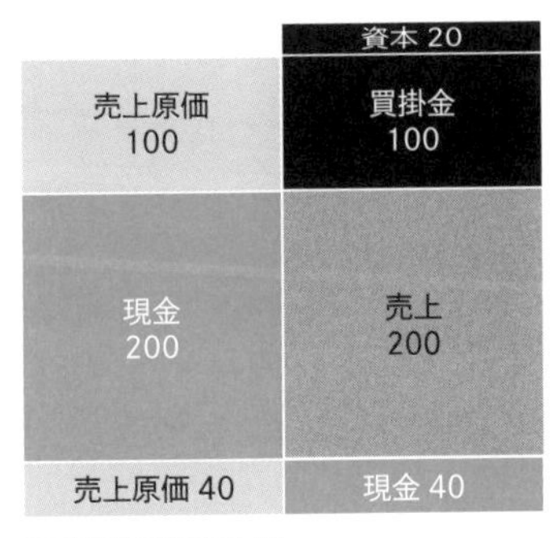

各項目を色別に合算してきれいに並び替えます。

さらに買掛金を後日支払います。

すると、次ページのようになります。

損益計算書と貸借対照表に分けたら利益が出てきました。

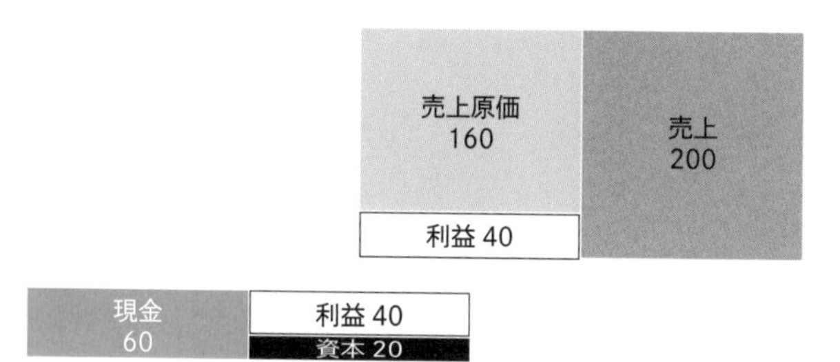

ということで、最終的には現金が6万円（舞台終了時点では16万円ありましたが、買掛金を支払うとこうなります）で、利益が4万円となることがわかります。元手は2万円でした。

通常はこれを数字の計算だけで求めますが、図解してみるとこういう流れのことをやっているわけです。実際の仕事では、いちいちブロックで図解してやるわけにはいかないので、科目と数字だけで集計・計算していくことになります。

そのため、このイメージが持てるか否かで、だいぶ理解の度合いが異なってきます。なので、ここで話の流れをぜひ視覚的につかんでいってください。

元手が2万円でしたので、舞台が成功して4万円の利益が出て現金が3倍になりましたが、もちろん現実には赤字で元手がなくなったという場合もあり得ます。これほどうまくいくことは少ないと思いますが、そこは事例ということでご理解ください。

第5章

在庫・資産・負債を記録していく

商品を売るために
～売上原価と在庫の関係

前章で売上原価・仕入というお話が出てきましたが、舞台の例はどちらかというと特殊な事例で、普通の商売をしている人たちは、モノを仕入れて（加工して）売るという形が多いです。

コンビニなど物販のお店はわかりやすいですが、飲食店も食材を買い調理して売っていますので、本質は同じです。

では、売るために必要なものは何か？

もちろん売る人は必要ですが（無人販売もありますが）、それ以外でいうと商品（もしくは材料）が必要です。要は売るモノです。

この商品（材料）は、普通のお店や会社は大企業のように、必要なものを都度届けて～とは言えないし、何が売れるか予想できないので、必要なものをあらかじめ用意しないといけません。

しかし、この〝あらかじめ用意〟というのが難しく、そんな簡単に予測できるものではありません。そこをどう考えるかは過去の売れ筋分析、市場動向の分析、直感、さまざまな手法がありますが、それは別の本に譲るとして、ここではあらかじめ用意した商品の会計での取り扱いを説明します。

商品（グッズ）販売に関わる売上原価のお話をすると、第1章で取り上げた棚卸は重要です。

Web上で完結するサービス以外は、ECであってもあらかじめ商品を確保しておかないといけません。大人気の商品で受注生産のようにできる場合は別ですが、それは特殊なケースです。

通常、商品は倉庫や冷凍庫で保管ができるので、仕入れてすぐに売り切れない場合は「在庫」（売れれば売上原価）になります。

つまり保管できる場合は、全部を売上原価にはしません（できません）。売れ残りまで売上原価にすると、利益が正しく計算できないからです。売れ残りのものは在庫＝資産になります。

このように在庫になるようなモノのことを、会計では「棚卸資産」と呼びます。棚卸をする資産ということです。なお、保管ができない生鮮品などは値引きするなりして売り切る（残ったら廃棄）ので、全部を売上原価にして終了です。

棚卸資産は、商品・製品・原材料などの倉庫で保管できるものの総称です。そして、倉庫等に保管してある「在庫」を確認する作業を「棚卸」と呼びます。

図解すると、次のようになります。「前払費用の形に似ている？」と思えた方は素晴らしいです。

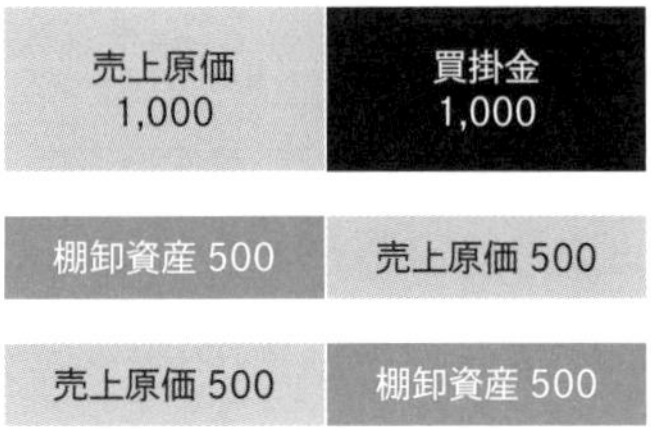

売上原価 1,000	買掛金 1,000
棚卸資産 500	売上原価 500
売上原価 500	棚卸資産 500

ちなみに、イメージで理解していただくことを優先しているので、簿記の教科書に書いてある仕入や商品の説明とはアプロー

チが異なります。あとで違いを説明します。

面倒な棚卸と向き合う各企業の対策

棚卸は次のイラストのように、商品の在庫を数える仕事です。それ自体はシンプルですが、通常、在庫は倉庫にあるだけでなく、店頭にもあります。

月末や年度末になると、全国にこれを「数える」作業がおこなわれています。**全部集計したらとんでもない作業量です。**

しかも数えるだけで、何も新しい価値は生んでいません。アルバイトで経験された方もたくさんいらっしゃると思います。かなり面倒で手間のかかる作業なのです。そのためこの手間を、各企業はどのようにして減らすかを一生懸命考えています。

たとえば大手のEC企業では、倉庫の機械化・ロボット化が進んでいるようです。人手でないと対応できないものもありますが、大きなもの、重量物などはロボットが運んでくれると助かりますし、機械化できるということはどこに何があるかをデータで把握しているわけで、棚卸も省力化できます。

棚卸の作業は、とくに年度末（会計では「期末」）におこないますが、手作業、目視での在庫確認は間違いも起きますし時間もかかり、会社の一大行事になってしまっています。

自動化が進むと常時確認できて、手間なく正確な棚卸ができるようになるので、ICタグ（RFIDタグ。身近なところではUNIQLOで導入）の普及が進んでいます。単価は10円程度のようです。

次の図は『株式会社ファーストリテイリング2018年8月期期末決算説明会資料「サプライチェーン改革について」』より一部を

抜粋して引用させていただきました。

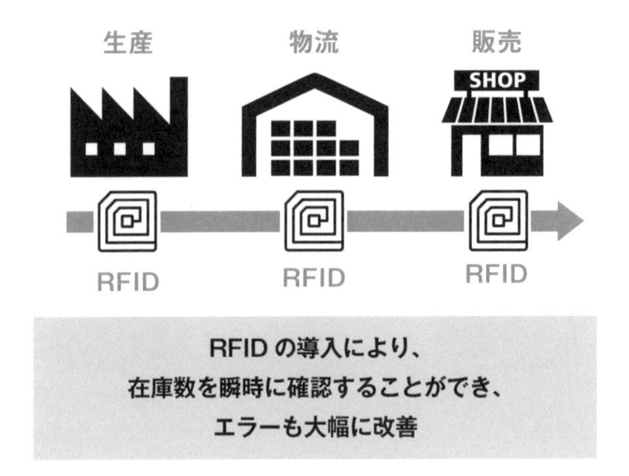

「RFIDの導入により、在庫数を瞬時に確認することができ、エラーも大幅に改善」と書いてありますね。

人手不足が深刻になっているので、時代に合った進化です。

なお、先に前払費用の説明をしましたが、この棚卸資産も将来の売上原価になるので、売れるまでは資産に置いておきます。

会計ではこのような形で、時間差の調整を表現していくのです。

仕訳について考えてみよう

では、仕訳の話に進みます。例として「イベントの関連グッズを仕入れた。そのグッズは、基本的にイベント当日に会場で販売する。そのイベントは数回おこなわれ、売れ残っても後日の公演で販売できる」という場面を想定してください（その回限りのもので残ったら捨てるものは、全部売上原価にして終了）。

まず、仕入れたときにはこのような仕訳になります（先払いも後払いも両方ありますが、繰り返し出てきている図ですね）。

①　売上原価　1,000千円／現金　　1,000千円
①′売上原価　1,000千円／買掛金　1,000千円

次に、売れ残った分は、在庫（棚卸資産）になるので、売上原価から棚卸資産に勘定科目を振り替えます。棚卸資産は青色です。月ごとにおこなうほうが、状況が把握しやすいのでいいですね。

最低限、年に1回はおこなう必要があります。そして、もうお気づきと思いますが、パターンは前払費用のお話と同じです。

②棚卸資産　200千円／売上原価　200千円

棚卸資産 200	売上原価 200

これで売れた分（80万円）だけが売上原価に記録されることになります（差し引きで売上原価の残りが80万円）。そして翌月や翌年、以下のようにして元に戻します（これを繰り返します）。

③売上原価　200千円／棚卸資産　200千円

売上原価 200	棚卸資産 200

このように商品を仕入れても、売れないと売上原価にはなりません。

在庫になるものは棚卸資産にします。現金や前払費用と同じ扱いで将来に繰り越すもの（ストック）なので、棚卸資産は青色です。そして、売れたときに水色の売上原価になります。

売れ残りは月も年度もまたぐ場合があるので、正しい期間損益計算のために在庫（棚卸資産）として計上し、このような調整をおこないます。

まとめると以下のとおりです。

仕入れたとき（当月もしくは当年度の後払い）

①売上原価　1,000千円／買掛金　1,000千円

売上原価 1,000	買掛金 1,000

月末・期末など締めのタイミング（当月末もしくは当年度末）

②棚卸資産　200千円／売上原価　200千円

棚卸資産 200	売上原価 200

締めのタイミングの次の日（翌月初もしくは翌年初）

③売上原価　200千円／棚卸資産　200千円

売上原価 200	棚卸資産 200

ところで、在庫はずっと倉庫にあるのに、どうして翌月初もしくは翌年初にすべて売上原価に戻すのでしょうか？

今はICタグやロボットなどを使えば個別管理もできそうですが、会計は500年も前から続く仕組みなので、個別管理が困難な時代の発想で作られています。単純ですが、いったん全部一緒にして最後に残った分だけ集計して引き算すると、差し引きで売上原価（つまり売れた分）が計算できます。

会計は基本的にはパズルの単純な積み重ねで、それをなるべく網羅的に、いかにうまく合わせられるかを第一に考えます。

また、期間損益計算をおこなう理由は、時間軸を合わせないと、その活動で本当にいくら利益が出たのか把握できないからです。棚卸を正しくできないと利益の計算も間違ってしまいます。

この棚卸はイベントごとにやっても問題ありません。手間の問題です。会社によっては都度やっておいたほうが、あとで困らない場合もあります。

正式な「仕入の仕訳」とは？

ここまでは簡略化していましたが、会計の教科書的にはこのようにします。いったん仕入という勘定科目に記録するのです。

仕入、繰越商品、売上の3科目で記録する三分法と呼ばれています。

まずは1回目、初年度から。

商品を仕入れたとき

①仕入　1,000千円／買掛金　1,000千円

月末・期末など締めのタイミング

②繰越商品（残った分）200千円／仕入　200千円

繰越商品 200　仕入 200

商品が売れたとき

③売掛金　1,200千円／売上　1,200千円

続いて、2回目以降も見ていきましょう。

月末、期末など締めのタイミングの次の日

④仕入　200千円／繰越商品　200千円

仕入 200　繰越商品 200

追加で商品を仕入れたとき

⑤仕入　1,000千円／買掛金　1,000千円

月末、期末など締めのタイミング

⑥繰越商品（残った分）400千円／仕入　400千円

繰越商品 400　仕入 400

商品が売れたとき

⑦売掛金　1,200千円／売上　1,200千円

仕入＝売上原価、繰越商品＝棚卸資産と考えてください。その他、買掛金の支払、売掛金の入金の仕訳もあります。

以降、これを繰り返します。

棚卸のリアル

物品販売の会社は、この作業を商品ごとにおこないます。仕訳は合計でもいいのですが、内訳を管理していないと何が何だかわからなくなります。

モノが動くプロセスを物流・ロジスティクスと呼びますが、この分野は、POSシステム、自動倉庫、ICタグなどのITによる省力化が進んでいます。

物流はモノを動かすので、事業の根幹と言ってもおかしくありませんが、その分コストもかかるので、いかに効率化させるかが経営上重要な事項です。

世の中の多くの会社ではこの物流・在庫管理の仕事は不可欠です。

また、期末の最終日に何が残っているかは実際に棚卸をして数えます。棚卸をすると、モノですので、保管の途中で紛失したり、世の中での販売価格が大幅に下がったり、売れる見込みがなく廃棄したりといった変化も見つかります。

それも記録が必要で、青色の棚卸資産からの処分用の水色の費用の勘定科目（棚卸減耗損、棚卸評価損、棚卸廃棄損といった科目）に移しておきます。

以下、例なので適当な金額ですが……。

①棚卸減耗損　200千円／棚卸資産　200千円

棚卸減耗損 200	棚卸資産 200

②棚卸評価損　200千円／棚卸資産　200千円

棚卸評価損 200	棚卸資産 200

④棚卸廃棄損　200千円／棚卸資産　200千円

棚卸廃棄損 200	棚卸資産 200

仕訳の流れを図とともにつかもう

ここでの話を整理すると、こんな取引になります。仕訳の図解と併せて流れをつかんでください。

①元手1,000千円で商売を始めた。
現金　1,000千円／資本金　1,000千円

②商品を後払いで1,000千円分仕入れた。
売上原価　1,000千円／買掛金　1,000千円

③仕入れたものの一部が売れた。これも後払い。

売掛金　1,200千円／売上　1,200千円

④月末に棚卸をしたら在庫が200千円分あったが、一部は劣化したため廃棄した。

棚卸資産　　200千円／売上原価　200千円

棚卸減耗損　10千円／棚卸資産　10千円

⑤廃棄したもの以外、翌月に在庫を売上原価に（仕分け上）戻す。

売上原価　190千円／棚卸資産　190千円

⑥追加で仕入。売れ行きを考えて控えめにする。

売上原価　800千円／買掛金　800千円

⑦月末に売上の代金が入り、同時に仕入の代金を払う。

現金　　1,200千円／売掛金　1,200千円

買掛金　1,000千円／現金　1,000千円

以降は同じ話の繰り返しなので省略します。実際の事業ではこのサイクルがずっと続いていきます。

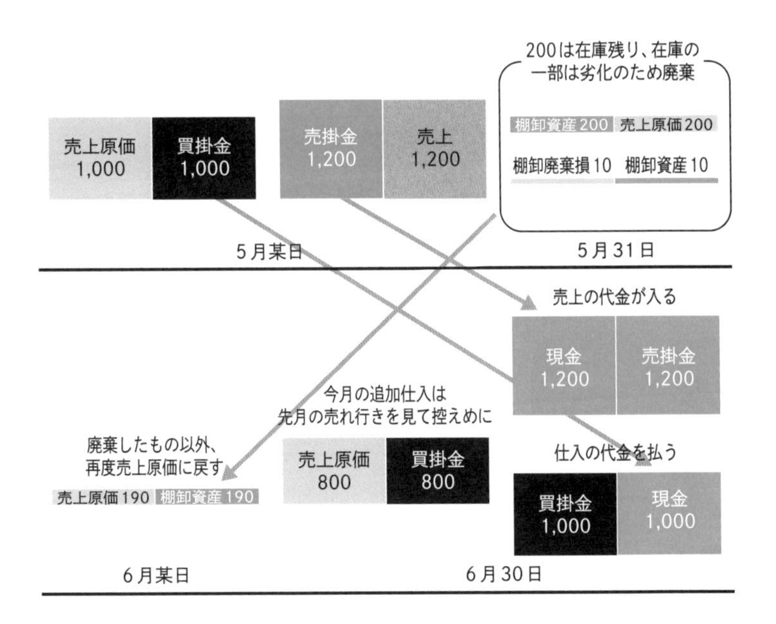

５月末の貸借対照表と損益計算書はこうなります。次ページの図を見ると、５月は39万円の利益が出ていることがわかります。

なんとなくでも全体像がつかめてきたでしょうか？

仕訳の科目と金額だけですと、大きさや位置のイメージがつきにくいです。なので、今のうちにこの図で感覚をつかんでおきましょう。

実際、これ以上の取引数になるとパズルでは書ききれなくなりますので……。

損益計算書

売上原価
800
棚卸廃棄損 10
利益 390

売上
1,200

賃借対照表

現金
1,000

資本
1,000

現金
1,000

売掛金
1,200

棚卸資産 190

利益 390

買掛金
1,000

資本
1,000

5月某日

5月31日

資産ってどんなものがあるの？

商品の話で費用と資産の話が交わってきたので、その流れに沿って資産の話を深堀します。

まず資産のトップに来るのは現金です。これはすべての取引の基準みたいなもので、貸借対照表の左上に不動の地位を確立しています。ほかもだいたい位置は決まっていて、現金に準じる資産としては売掛金・前払費用・棚卸資産があります。

売掛金は将来現金に代わるものです。縁起が悪いですが、回収できなければ費用になります（貸倒(かしだおれ)という）。前払費用や棚卸資産は、いずれ短期間で費用になっていきます。

あとで現金になる売掛金を除き、費用と資産はどちらもお金を出して買うもので、時期はともかく費消されていくものです。永久に形や価値が変わらないものは土地か金か宝石くらいなので、ほかのものはいずれなくなります。

長く使うものや、在庫のように一時的に取っておくものは、資産に分類されますが、いずれはなくなるということは使ってしまうものということなので、費用になります。

なので、**費用と資産は表裏一体であり、その境目もわずかな違いで、さらにほとんどの資産はいずれ費用になる**のだと考えてください。どちらもお金を出して買うものだし、なんとなくわかると思います。

さて、これまで資産としては、現金、売掛金、棚卸資産、前払費用が出てきましたが、それ以外にも、青色の資産に分類されるものは多くあります。**会社が持っている「モノ」は、少額の消耗品類**（文房具とかは費用）**を除きすべて資産に含まれます。**

実は、この少額という基準が費用と資産の分かれ目です。文房具は、たとえばホチキス・ハサミ・定規などは何年でも使えますが、少額なので資産にはなりません。費用なのです。

次の仕訳を見てください。これまでのお話は主に①でした。でも、会社は大きなモノや設備も買います（②）。これも現金で購入するだけでなく、後払いの場合もあります（売上原価（仕入）以外の場合は買掛金でなく未払金を使います）。

①消耗品費　100千円／現金　100千円

消耗品費 100　現金 100

ここからお話しするのは資産なのでこちらで、これも現金を軸に考えると位置が理解しやすいです。

②　備品　500千円／現金　500千円

備品 500　現金 500

②′備品　500千円／未払金　500千円

備品 500　未払金 500

「流動資産」と「固定資産」

資産はモノなので多様で、必要なものも会社によって違います。ここでは費用と同様に例示します。まず流動と固定に二分します。

・流動資産

現金、預金、売掛金、有価証券、商品（棚卸資産）、前払費用、短期貸付金、（▲貸倒引当金）

・固定資産

建物、車両、備品、土地、ソフトウェア、投資有価証券、敷金保証金、長期貸付金、(▲貸倒引当金)

「流動」と「固定」で分ける基準は、現金化(費用化)の期間の長さ(容易さ)です。流動資産は1年以内に現金か費用になるもの、固定資産は1年を超えて現金か費用になるものです。ここも現金が軸になります。

流動資産には現金、売掛金などに加えて、有価証券(主に株式のこと)や短期貸付金(1年以内に返済される)なども含みます。費用になるものは1年以内に使うか、販売するもので、現金になるものは、1年以内の短期間に換金できるものです。

固定資産は長く使う(長い期間をかけて費用にする)ものか、現金化に時間がかかるものです。身近なものでは劇場の建物とか。当然1年以上の長い期間使用します。この場合、建物の金額を「減価償却」という方法で分割して毎年の費用に振り替えます。

建物を購入する機会はなかなかありませんので、イメージしにくいとは思いますが、高性能(高額)なパソコンや、自動車を購入するというのはイメージできますよね。

これらは備品や車両といわれる固定資産になります。この減価償却については後ほど詳しく解説します。

資産は短期か長期かは別として、いずれ現金か費用になるものと説明しましたが、売却して購入額より安い金額でしか現金にできない場合は差額を費用にします。売却損や減損といいます。

以下が現金か費用のどちらか（もしくは両方）になることの一例（車両を売却した場合）です。

①現金　900千円／車両　1,000千円
　固定資産売却損　100千円

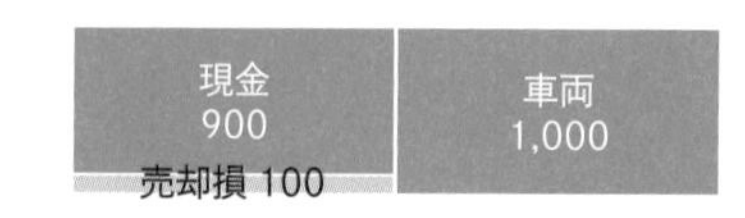

「減価償却」って何？

次は固定資産と減価償却（げんかしょうきゃく）について説明します。

固定資産は、土地や建物、工場や生産設備などです。劇団四季のように、自社で劇場を所有する場合でしたら、おそらく土地は借りていると思いますが、建物とその内装設備は固定資産になります。たとえば購入時には、このように記録（仕訳）します。

なお、土地は持っていれば土地ですし、借りていると借地権です。借地権の場合は地代を払わないといけません。

たとえば、1億円の建物を建てると仕訳はこうなります。

①建物　100,000千円／未払金　100,000千円

実は、このように固定資産に分類して終わりではありません。土地以外はモノですので、経年劣化でいずれ使えなくなります。なので、おおむね使えそうな期間（年数）を設定し、その年数で費用に割り振っていくという計算をします。

この計算のことを減価償却といいます。以下のパズルのイメージのように、資産はだんだんと費用になって価値が減っていきます（減価）。仕訳は以下のようになります（簡略化しました）。少しずつ取り崩していくイメージです。

これは資産の全体を一定のルールで費用に割り振っていく作業ですが、このように、少しずつ費用にしていく状況を償却という言葉で表現します。あわせて減価償却となります。

①建物減価償却費　10,000千円／建物　10,000千円

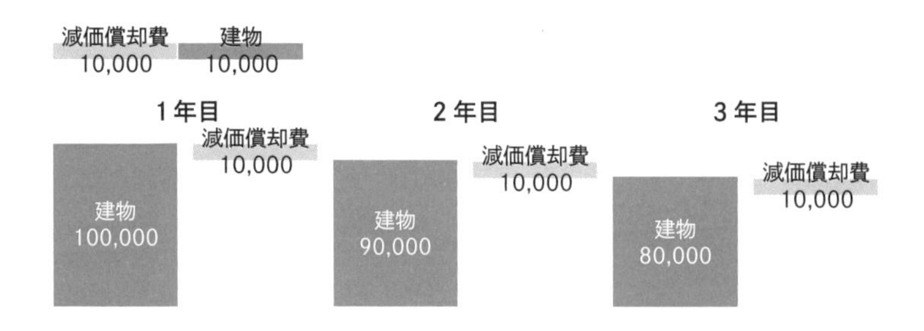

減価償却は経年劣化の考え方ですが、実際にこんなにきれいに機能が劣化するわけではないので、実感は持ちにくいでしょう。

ただ、どんなモノでも一定の期間が過ぎると買い替え・建て替えが必要になりますので、その期間で費用に割り振っておくことは会計の数字を正しく理解できることにつながります。

「使わなくなったときに一気に費用にします」では、利益が凸凹しすぎて事業の実態がわからなくなるので、それを防ぐ意味で有効です（というか計算しなければなりません）。

減価償却の大まかなイメージは理解いただけたと思いますが、次からはその計算の基礎となる固定資産の価格（会計では「取得価額」といいます）について説明していきましょう。

購入時（資産計上時）の仕訳

固定資産には、土地、建物、自動車、器具備品、機械装置などがあります。そして、固定資産を買うときは本体以外に配送料、登記費用、登録費用など諸費用がかかります。固定資産をいくらで買ったか（資産にいくらで記録するか）はこの諸費用も含みます。

なので、100万円の自動車に10万円の諸費用がかかったら、合計の110万円がその自動車の取得価額となります。

①自動車　1,100千円／未払金　1,000千円
　　　　　　　　　　　現金　100千円

また、先ほど触れたように、固定資産を費用に割り振るときに減価償却という単語が出てきます。割り振りの計算のことですが、その基本的な考え方は理解してください。

読み仮名から「原価消却」と書いてしまう人も見かけますが、それは間違いです。割り振り計算と簡単に言いましたが、経年劣化なので使い続けていると劣化し、価値が減っていく（中古車の買取り価格が下がるような）ものと考えて、固定資産の価値を減らして費用化していこうというのがベースの考え方です。何年で費用化するかも重要です。

これをいちいち個別に評価していくのは大変ですし、恣意性も入ってしまうので、国税庁がそれぞれの資産の種類ごとに、耐用年数という何年使えるかという基準を定め、それに従い次のような計算式を定めています。

■ 主な減価償却資産の耐用年数（車両・運搬具／工具）

構造・用途	細目	耐用年数
一般用のもの（特殊自動車・次の運送事業用等以外のもの）	**自動車（2輪・3輪自動車を除く）**	—
	・小型車（総排気量が0.66リットル以下のもの）	4
	・貨物自動車	—
	ダンプ式のもの	4
	その他のもの	5

出典：国税庁HP>タックスアンサー>No.2100減価償却のあらまし＞主な減価償却資産の耐用年数表

ここでは、定額法という単純な割り振り計算に近い方法を紹介します。そのほかに定率法という計算もあるのですが、多少複雑ですので、ここでは省略します。

先ほどの表は国税庁が定めた耐用年数表の一部抜粋です。日本国内では、これにしたがって計算しています。たとえば軽自動車は、小型車と書かれていまして、4年となっています。

これは**軽自動車が4年しか持たないという意味ではなく「4年間で費用にしてください」というガイドライン**だと思ってください。実際、10年以上走っている車も多いと思います。

例として、軽自動車（小型車）は耐用年数が4年になるので、このように考えます。

・1,100千円÷4＝275千円（1,100千円×0.250＝275千円）

110万円の取得価額を（法定）耐用年数のあいだは、同じように使えるとして4で割ります。4で割った金額（27万5千円）を各年の費用（減価償却費）にします。その分､取得価額から引きます。残ったものは未償却残高といいます。

最後の4年目は、そのまま計算すると0になって消えてしまうので、消えないように未償却残高を1円だけ備忘価額として残しますので、このように計算します。

・1,100千円×0.250－1＝274,999円

シンプルな割り振り計算なのですが、このように書かれるとよくわかりませんよね。ということでまた図解にしました。

先ほどの計算式をもとに、仕訳にするとこうなります。

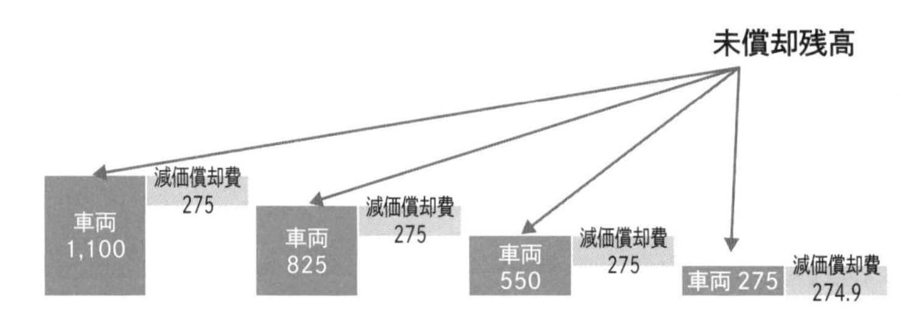

①自動車減価償却費275千円／自動車減価償却累計額275千円

減価償却費 275　減価償却累計額 275

勘定科目には「自動車」をつけない場合もあります。また、右側に「減価償却累計額」という勘定科目が出てきました。

固定資産の減価償却の計算では､取得価額を直接減らさず「減価償却累計額」を貸方（右側、資産のマイナス）に置いて差引すると、未償却残高（残価）がわかる間接的な表記をしています。

ここまでは説明を単純にするために直接減額する表記をしてきましたが、表記の仕方には直接と間接の両方があります（差し引きしたらもちろん一緒です）。

そして累計額なので、毎年増え続けます（その結果、差引後の未償却残高は小さくなります）。このような表示になっていると、その固定資産をそもそもいくらで買ったのかがわかります。

まず、間接的な減額方法（間接法）は建物、自動車、備品のようなもの（有形固定資産といいます）に適用されます。

①建物減価償却費1,000千円／建物減価償却累計額1,000千円

減価償却費 1,000	減価償却累計額 1,000

次に、直接的な減額方法（直接法）はソフトウェア（CADなどの高額なシステムや会社専用の運営システムなど）、アプリケーションなど（無形固定資産といいます）に適用されます。

②ソフトウェア減価償却費1,000千円／ソフトウェア1,000千円

減価償却費 1,000	ソフトウェア 1,000

両者の違いについてはあくまで私の想像ですが、有形固定資産となるものはお金を借りるときの担保になることがあり、元の価値（いくらで買ったのか）の情報が重要なためこのように表記する一方、ソフトウェアなどの無形固定資産は形がないので担保にはならないし、使い切りという考え方なのかもしれません。

実際は、貸借対照表は次のように表示します。減価償却累計額は、対象となる固定資産の価値を減らすため、資産のところに△をつけてマイナスで記録されます。

ここはなかなかハードでしたが、しっかり読んでもらえればわかると思うので、ぜひ復習していただけたらと思います。

■ 貸借対照表のサンプル

	202X年	202Y年
資産の部		
・流動資産（以下略）		
・固定資産		
有形固定資産		
建物	28,000	32,000
減価償却累計額	△2,000	△3,000
建物（純額）	26,000	29,000
有形固定資産合計	26,000	29,000
・無形固定資産		
ソフトウェア	9,000	7,200
無形固定資産合計	9,000	7,200

ここまでをいったん振り返ると、まずは費用の話をしました（第4章）。基本はお金を払って終わりですが、払い方（後払い）とか、先にお金を払っている場合などがあって、時間軸の把握が大変だったかもしれません。支払時期と、費用として記録（計上）する時期の議論について、ぜひ整理してください。

第5章に入り資産もたくさん出てきましたが、現金は特別です。すべての取引の軸になるので同じ資産なのですが、切り分けて理解してください。

棚卸資産は商品の仕入と在庫、費用と資産が密接に関わる部分、最後に在庫として残ったものをどうするかというお話です。

また固定資産の話は、基本的にはどうやってその金額を何年かに分けて費用として分配していくのかという記録の話です。計算が出てきましたが単純な算数です。

負債・資本は事業を支えるお金集め

いよいよ、会計の実技の最後です。負債・資本を見ていきましょう。

ここまで「現金などの実際にあるモノが資産だ」ということは説明してきました。では、貸借対照表で資産とセットになる（右側の）負債・資本はどういうものでしょう？

簡単にいうと、負債・資本は事業を支えるためのお金集めと考えてください（これは財務の話につながっていきます）。

資産の反対側（貸方）なので、その資産をどのようにして買ったのかを記録するところが負債・資本です。資産を買うには現金がいるので、その集め方（資金調達）ということです。

まず、現金そのものを集めたときは、こう仕訳を書きます。事業に必要な資金は株式で投資家から集めるか、借入で銀行から借りるかで2パターンあります。

①現金　100千円／資本　　100千円
②現金　100千円／借入金　100千円

現金 100	資本 100
現金 100	借入金 100

現金を増やす方法としては、商売なので当たり前ですが「モノを売る」ことと「支払をあとにする」こともあります。売上や買掛金・未払金の話です。

売上も負債と同じ貸方です。売上は販売行為を通じて、現金を増やす効果があるので貸方なのです（ただしこれは資金調達とはいいませんし、売掛金での売上だと後日の入金なのですぐには増えません）。

また、たとえば備品を未払金で買うケースは、後払いなので資金調達の一種です。銀行からお金を借りて備品を購入した、ということとお金の動き方自体は同じなので。

③現金　100千円／売上　100千円
④備品　100千円／未払金　100千円

いずれも「現金のプラスは左側」を軸に整理するとよいです。

後払いによる「買掛金」と「借入金」

資産の購入や売上原価、販売費・一般管理費の支払に買掛金や未払金（後払い）を利用することは、広くおこなわれています。

ただし、法律の決まりがあるのではなく商慣習なので、お取引先の厚意に甘えているという構図であることは理解しておきましょう。

後払いにしてもらっておいて、さらに「買ってやるんだから○○しろ」みたいな姿勢は、人としておかしいわけです。

①売上原価　100千円／買掛金　100千円

売上原価 100	買掛金 100

そして**建物などのかなり高額な資産の購入の場合は、未払金のように翌月末に一括払いは困難なので、銀行からお金を借りて建設会社に代金を払い、銀行には長期間で返済**していきます。

これを借入金と呼びます。こういう形が金融機関（銀行）の古くから続く伝統的な役割です。株式会社の仕組みができるずっと前からあるものです。

借入金は借入契約書を作成し、場合によっては担保（この場合は建物）を銀行に提供して契約締結するもので利息も払います。

実は買掛金や未払金は、通常利息はかかりません。相手に信用してもらって利息ゼロで後払いにしているのです（逆に言えば売掛金もそうです）。このように、現金をあとで払うもの（そのような約束）を、負債と呼びます。

②建物　1,000千円／借入金　1,000千円

建物 1,000	借入金 1,000

会社の成り立ちと負債・資本の関係

会社の初めは、現金を自分で出して（または誰かに出してもらい）事業がスタートします。なので、現金は実際にあるモノです。その現金をもとに青色の備品を買ったりします。

それらは資産です。反対に黒色は現金または資産（お金を払って買う）をどうやって得たか（資金調達）の記録です。資本（株式）または負債で現金を集めたということを記録します。

黒色は現金の集め方を表していて方法が二つあるので、負債・資本として区別します。負債はあとで払う約束（契約）で、資本は返さないけど株券を渡して「株主として、その権利を認めます」という約束（契約）です。契約書や株券などが存在します。その事実を負債・資本として記録します。

負債は現金を借りた（将来返済する）もの、資本は現金は返さないけど、その証拠である株式を他人に譲れるようにしたものです。資金調達には大きくこの2種類があります。

資産の購入や費用の支払などの取引は、負債・資本によっていったん現金を集めてからおこなわれていると整理すると、理解しやすいかもしれません。仕訳ではつなげてしまいますが。

主な負債・資本の科目を並べます。負債には流動と固定があり、1年以内に払うかどうかが基準です。資本にその区別はありませんが「株主からの払い込みによる元手」か「利益の一部を留保したことによる元手」かが区別されるようになっています。

流動負債

買掛金、未払金、未払給与、預り金、短期借入金、前受金、未払法人税等

固定負債

社債、長期借入金、退職給付引当金

資本

資本金、資本剰余金、利益剰余金

借入金を嫌うべからず

これらは資産の逆で、将来、現金を払う（減らす）か、収益（売上）に変わるものです。まず負債の代表格は借入金ですので、それを見ていきましょう。

借入金とは誰かにお金を借りるということですが、通常は銀行から借ります。

借入金はドラマだと怖いものとして描かれることがありますが、実際にはそう怖いものではありません。もちろん甘く見てはいけませんが、あとでお金が入ることを見越して、返済計画を立てて

借入をおこなうのは事業では大切なことです。

もちろん、将来につながらないその場しのぎの借入はしないほうがいいです（そもそも普通は貸してくれませんし）。

実際の商売では「ここで勝負したい」というときに現金が十分あるとは限りません。それに、たとえば劇場などを作ろうとしたら一括で払える会社のほうが少ないです。なので、**借入金も通常の事業活動の一環**として有効に活用すべきです。

「借入金も銀行も嫌い」という方もいます。その気持ちは理解しますが、困ったときに突然頼んでも銀行は貸せません。過去の取引実績による信用の蓄積がないと、誠実な会社（人）かどうかわからないからです。自分が貸す立場で考えたら困ると思います。

順調なときから借りて返して、信用を重ねることが大事です。銀行取引だけではないですが「商売も人生も信用が大事」です。

そういう点で、**信用は努力して創るべきもの**です。

現金を銀行から借りたときの仕訳は次のようになります。よく見ると「事業を始めます」という資本を集めたときと同じ色の組み合わせです。

①の借入金も②の資本（元手）も、現金を誰かに出してもらうことは同じですが、この二つは返すか返さないかが根本的に違います。

なので、負債・資本として分類が変わります。

①現金　100千円／借入金　100千円
②現金　100千円／資本　100千円

借入金の特徴としては、以下の4つがあげられます。

①将来返済しなければならない（最初は半年とか1年とか）。
②利息を支払わないといけない。年1%～5%くらい。
③担保や保証人の設定を求められるときがある。
④これらのことが書かれた「契約書」を交わす。

借りられる期間や、利息のレートも信用の程度で変わります。

お金については、とくに需要と供給、ハイリスクハイリターンが明確に反映されますので、リスクや資金のニーズが高い、業歴が浅くて信用がない場合は金利が高くなりますし、そもそも貸してもらえないということもあります。

金融の世界では情では動かないことが多いので、正しい理解が必要です。

利息を交えて借入の仕訳をする

①と②を仕訳にしましょう。①の「返済する」のは単に逆にするだけです。

借入金　100千円／現金　100千円

借入金 100	現金 100

②の「利息を支払う」はこうです。

支払利息　5千円／現金　5千円

支払利息 5	現金 5

利息は支払利息といって費用になりますが、色分けは大丈夫でしょうか。水色ですね。

売掛金のクレジットカードの話で、支払手数料がありましたが、それと同じようなものと思っていただけたら大丈夫です。

借入金にもいくつか種類があり、返済の仕方や利息（支払利息）の計算もいろいろあるのですが、ここではシンプルに原理を理解しておいてください。

「資本」と「資本金」は別物だった！

最後に資本の話に入ります。最初に会社と株式の話をしましたが、そこに戻ります。

資本という言葉の語源は古代中国の書物で、何かの活動をする際の元手という意味で使われていたそうです。英語ではCapital（またはPaid Capital）といいますが、この語源はラテン語の頭だそうで、最初に入るお金という意味でしょうか。

資本は、株式を発行して集めた元手（の記録）です（厳密には資本ではなく資本金です。次ページで説明します）。その元手に利益の蓄積（内部留保。配当しなかった残りのこと）が足されていきますが、それも含めて株主のものです。

利益は、収益（売上）から費用を引いたものですが、現金の面から見ると、売掛金、買掛金という現金の動きに時間差の生じるものを交えて取引がおこなわれた結果なので、その時間差のために利益と同額の現金があるわけではありません。

配当は現金で払いますが、残りの内部留保（利益の残り）は、その全額の現金があるとは限りません。概念的なものですが、勘違いしやすいところなので知っておくといいでしょう。

利益が最後に配当と元手に分かれていく（どちらかになる）様子を改めて図にしてみましょう。青色が配当（として株主に払った現金）、黒色が内部留保で増える資本です。

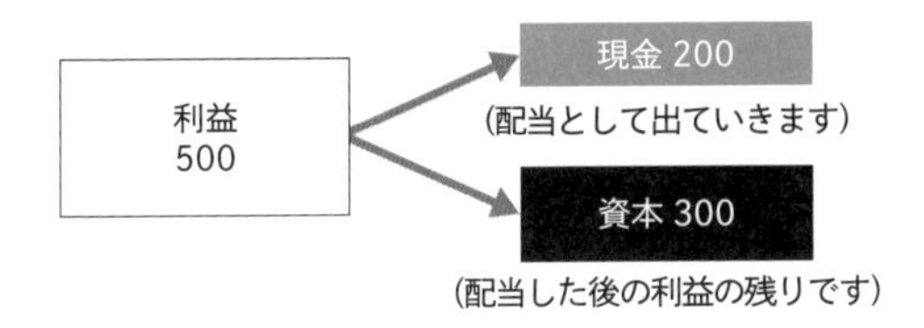

これまで、資本は返さなくてよいと説明してきました。もちろん返す義務はないですが、会社は配当を出すことができます（株主は銀行のように利息はもらえません）。上の図のように資本に振り替える前の利益の一部を、株主に配当として還元します。

配当は、株主総会の多数決の合意で支払います。支払うと株主が喜びます。一般的に配当が多く出る株式はほかの人も欲しがりますので、株式の価値（値段）が上がることも期待できます。

ただ、事業にも使える大切な現金が出ていってしまうので、配当よりも新しい事業に投資（設備を買ったり、より多くの商品を仕入れたり）したほうが、結果的に会社が伸びるということもあります。それは会社の置かれた状況によって変わります。

資本と資本金は、似ていますが実は違うものです。

資本はこれまで説明した「返さなくていい元手の総称」です。その内訳に「資本金」があります。

この資本金は、株主から株式と引き換えに資金をいくら集めたという記録です。株主から10万円を出してもらったなら資本金10万円になります。よく会社紹介に「資本金○○円」と書いてありますね。資本金の額は国に登記します。

現金　100千円／資本金　100千円

現金 100	資本金 100

事業を継続すると利益がたまりますが（内部留保）、これは資本金ではなく、利益剰余金として記録します（資本の一部です）。

この資本金を現金で確保する「義務」は、会社がお金を集めた（＝株主が現金を出した）瞬間だけです。なので、その後は現金の残高との関係はないのですが、資本金が大きいと多額の事業資金を確保しているような安心感があります。

ただ、それは感覚なので、**資本金の大きさより「資本」全体の金額を見たほうがいい**です。

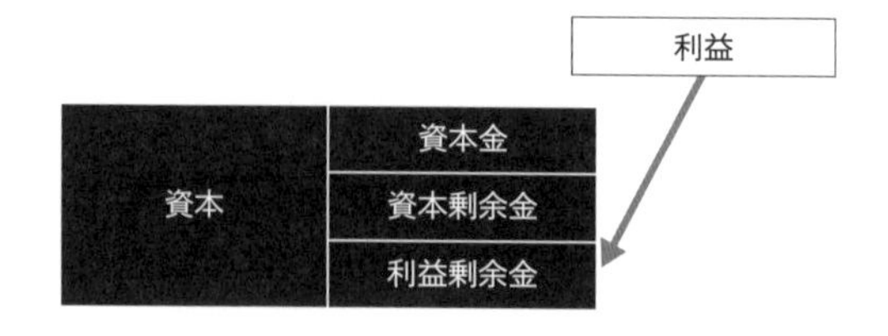

Work6

あなたは、自分の気に入ったアパレルを販売するお店をやることになりました。元手は長年貯めた100万円です（資本金になります）。とりあえずそれで会社を作りました。

今はECサイトのプラットフォームもあるし、まさに開業しやすくなりました。でも商売は商売です。やり始めると、いろいろシビアです。

まず、お店を開いて商品を仕入れるには300万円必要になるので、がんばって事業計画を作って銀行に行って説明して、お金を200万円借りてきました（運よく貸してくれました）。

それを元手にお店を借りて（保証金50万円）、お店の設備に50万円使い（後払い）、前家賃で50万円取られて、商品の仕入に150万円使いました（これも後払いにできました。かなり信用されている想定）。

さて開店です。前もってSNSでフォロワーを増やしていたこともあり、最初の月は順調に販売が進んで、売上は300万円になりました（お客さんの決済方法は現金とクレカと半々）。

また、月末に翌月分の家賃50万円を支払いました。そのほか光熱費や宣伝のチラシ、店内の簡易な装飾などに50万円使いました。棚卸をしたら仕入れた商品は30万円分残っていました。さて、この時の1か月終わった時点での損益計算書と貸借対照表はどうなるでしょうか？　そしていくら儲かったでしょうか？

このケースは以下のように整理されます。

①現金　1,000千円／資本金　1,000千円

現金 1,000	資本金 1,000

②現金　2,000千円／借入金　2,000千円

③保証金　500千円／現金　500千円

保証金 500　現金 500

④備品　500千円／未払金　500千円

備品 500　未払金 500

⑤前払費用　500千円／現金　500千円

前払費用 500　現金 500

⑥売上原価　1,500千円／買掛金　1,500千円

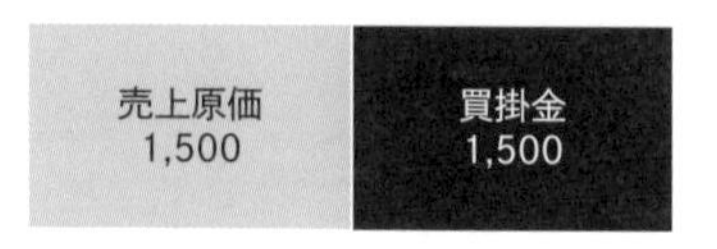

⑦現金　1,500千円／売上　3,000千円
売掛金　1,500千円

⑧地代家賃500千円／前払費用　500千円

地代家賃 500	前払費用 500

⑨前払費用　500千円／現金　500千円
　経費　500千円／現金　500千円

前払費用 500	現金 500

経費 500	現金 500

⑩棚卸資産　300千円／売上原価　300千円

棚卸資産 300	売上原価 300

現金 1,000	資本金 1,000
現金 2,000	借入金 2,000
保証金 500	現金 500
備品 500	未払金 500
前払費用 500	現金 500
売上原価 1,500	買掛金 1,500
現金 1,500	売上 3,000
売掛金 1,500	
地代家賃 500	前払費用 500
前払費用 500	現金 500
経費 500	現金 500
棚卸資産 300	売上原価 300

	資本金 1,000
	借入金 2,000
現金 1,000	
保証金 500	
備品 500	未払金 500
売上原価 1,500	買掛金 1,500
現金 1,500	売上 3,000
売掛金 1,500	
地代家賃 500	
前払費用 500	
経費 500	
棚卸資産 300	売上原価 300

これらのパズルをいったん積み上げて（左）、数字を左右同じものは相殺して（右）、すき間を詰めて集計していきます（次ページに）。

現金
2,500
保証金 500
備品 500
売上原価
1,200
売掛金
1,500
地代家賃 500
前払費用 500
経費 500
棚卸資産 300

資本金
1,000
借入金
2,000
未払金 500
買掛金
1,500
売上
3,000

売上原価
1,200
地代家賃 500
経費 500
現金
2,500
売掛金
1,500
棚卸資産 300
前払費用 500
備品 500
保証金 500

売上
3,000
買掛金
1,500
未払金 500
借入金
2,000
資本金
1,000

そこから４つの色ごとに区分して（右）、上下を二つに分けると次ページのようになります。80万円の利益が出ました！

ただし、現金は借入も含めて最初は300万円あったのが、250万円に減っています。せっかく利益が出たのですが、現金が増えていないので、儲かった実感はないと思いますし、むしろちょっと不安になるかもしれません。

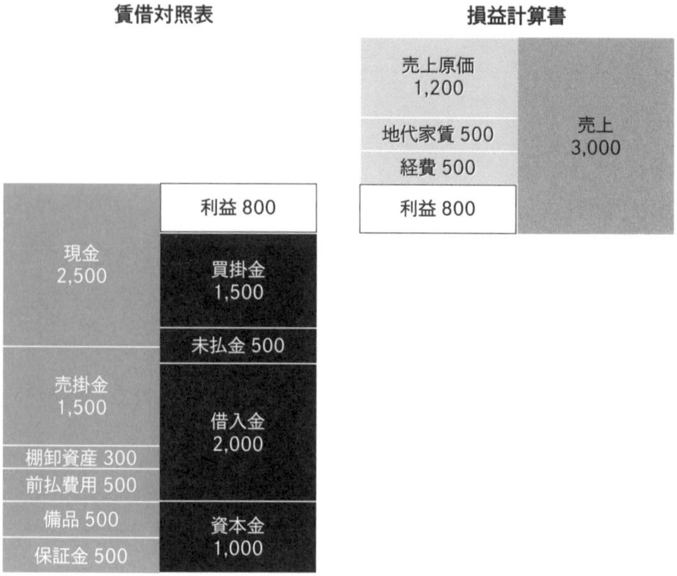

貸借対照表

現金 2,500
売掛金 1,500
棚卸資産 300
前払費用 500
備品 500
保証金 500

利益 800
買掛金 1,500
未払金 500
借入金 2,000
資本金 1,000

損益計算書

売上原価 1,200
地代家賃 500
経費 500
利益 800

売上 3,000

Workの例で、利益≠現金という意味も実感していただけますでしょうか。事業をしていく上では、やはり先にお金が出ていくことが多くて、うまく管理しておかないと、黒字なのにお金がない、ということになってしまいます。

このような単純な例でもお金の出入りをきちんと管理することの重要性がわかると思います。

また、さすがにいくら本質だと言っても、図解で会計の処理をするのはこの辺りが限界です。なのでイメージを持っていただいて、必要な方は、会計のアプリを活用してください。

第6章

利益の出た会計記録は美しい

会計の表を見るのはツラい？

これまで説明してきたように、会計の仕組みでは、仕訳の積み重ねの結果として、2種類の表が作られます。**その2種類の表とは「損益計算書」と「貸借対照表」です。**

これらの表を見ると複雑に感じますが、基本的な構造はシンプルです。一定の期間（1年）の利益（経営成績）を計算するものと、その期間の最終日時点の資産状況（財政状態）を表すものです。

次ページからまずは、損益計算書、続いて貸借対照表のサンプルを見てみましょう。これを見て、どうして私がパズルの形で説明することにこだわったのか、考えてみていただけますか？

会計は左・右（借方・貸方）で数字を合わせ、資産／負債・資本／費用／収益（売上）のいずれかに取引を当てはめて記録します。すべての項目が必ず何らかの形で、ペアになって左右合計がまったく同じ金額（ここは絶対のルール）で記録されていく……つまり、すべての取引はつながりがあるのです。

ただ、結果の表からは、そんなことは想像できませんね。なんだか情報を断片的に集計してきた感じがするでしょう。

すると、表の見方を勉強しても頭の中でつながりがイメージできず、会計がただの暗記と計算になってしまい、それでは物事の本質が理解できないのではないかと私は考えてきました。

そもそも、きっとそれではつまらないでしょう。

その考え方は、私自身が会計を勉強するとき、表面的な暗記と計算ではわからなくなってしまうので、よく図解してつながりを視覚的に整理してきた経験からきています。

■損益計算書（202V年４月１～202X年３月31日）

科目	金額	
・売上高		5,000
・売上原価		3,000
売上総利益		2,000
・販売費及び一般管理費		1,350
営業利益		650
・営業外収益		
受取利息	0	
その他	0	
営業外収益合計		0
・営業外費用		
支払利息	50	
その他	0	
営業外費用合計		50
経常利益		600
・特別利益		
投資有価証券売却益	10	
その他	0	
特別利益合計		10
・特別損失		
固定資産除却損	100	
その他	10	
特別損失合計		110
・税金等調整前当期純利益		500
・法人税、住民税及び事業税		200
・法人税等調整額		
・法人税等合計		200
・当期純利益		300

■ 貸借対照表（202X年3月31日現在）

資産の部		負債の部	
流動資産		**流動負債**	
現金預金	1,000	支払手形	100
受取手形	100	買掛金	800
売掛金	510	短期借入金	500
有価証券	200	未払法人税等	200
商品	400	預り金	200
前払費用	100	前受金	200
貸倒引当金	▲10	**流動資産合計**	**2,000**
流動資産合計	**2,300**	**固定負債**	
固定資産		社債	
・有形固定資産		長期借入金	2,500
建物	2,700	退職給付引当金	0
車両	100	**固定負債合計**	**2,500**
備品	300	**負債合計**	**4,500**
土地	2,000	**純資産の部**	
有形固定資産合計	**5,100**	**株主資本**	
・無形固定資産		資本金	2,000
商標権	100	資本剰余金	500
ソフトウェア	500	利益剰余金	2,000
無形固定資産合計	**600**	自己株式	0
・投資その他の資産		株主資本合計	4,500
投資有価証券	500	**評価・換算差額等**	
長期貸付金	500	その他有価証券評価差額金	0
投資その他の資産合計	**1,000**	**評価・換算差額等合計**	**0**
固定資産合計	**6,700**	**純資産合計**	**4,500**
資産合計	**9,000**	**負債及び純資産合計**	**9,000**

次は、以前の説明の繰り返しですが、**貸借対照表と損益計算書ができるプロセス、そして損益計算書と貸借対照表は利益でつながっている**ということを忘れないようにお願いします。

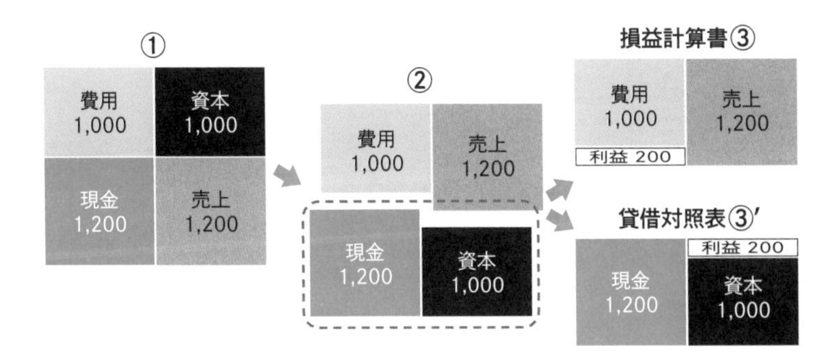

また、これも大事なところ、年度の繰り越しです。損益計算書は毎年リセットされますが、貸借対照表は毎年利益を株主に配当を払うか資本に入れるかして繰り越されます。

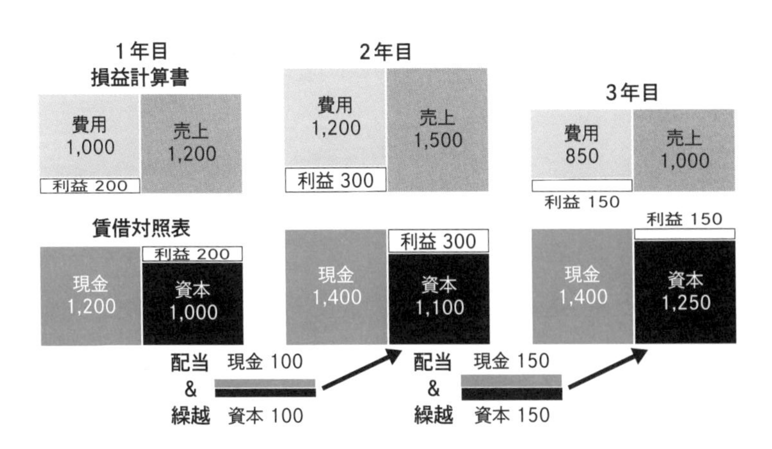

会計の表をつぶさに見ていくと……

では、会計の表（財務諸表）の見方を深めていきましょう

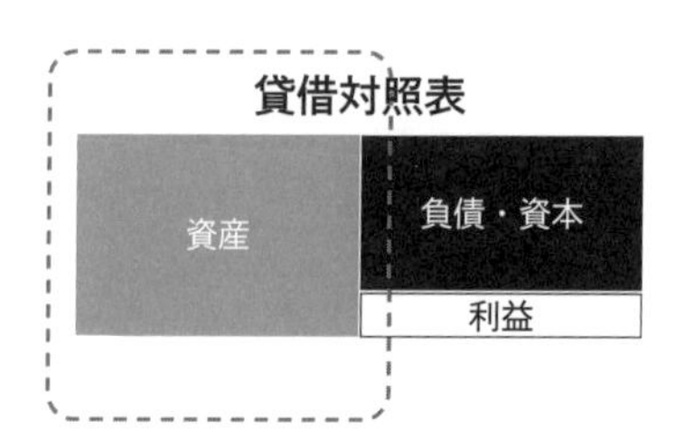

まず貸借対照表から。はじめに点線で囲ったところに着目してください。当たり前ですが左と右は、まったく同じ数字になっています（ここは絶対に違ってはいけないところです）。

次ページの図で、借方・貸方の配置もご確認ください。各項目を説明していきます。はじめに資産から見ていきます。左サイドです。

まずは大きく見て、流動資産と固定資産に区別されています（換金のしやすさに着目した並べ方です）。さらに、固定資産の中には有形・無形・投資その他の区分に分かれています。

受取手形と売掛金は、どちらもあとでお金になるものです。売掛金は、取引相手を信用して「○月○日までに払ってください」と請求書を送って後払いにする（してあげる）ものです。

■ 貸借対照表（202X年３月31日現在）

資産の部		負債の部	
流動資産		**流動負債**	
現金預金	1,000	支払手形	100
受取手形	100	買掛金	800
売掛金	510	短期借入金	500
有価証券	200	未払法人税等	200
商品	400	預り金	200
前払費用	100	前受金	200
貸倒引当金	▲10	**流動資産合計**	**2,000**
流動資産合計	2,300	**固定負債**	
固定資産		社債	
・有形固定資産		長期借入金	2,500
建物	2,700	退職給付引当金	0
車両	100	**固定負債合計**	**2,500**
備品	300	**負債合計**	**4,500**
土地	2,000	**純資産の部**	
有形固定資産合計	5,100	**株主資本**	
・無形固定資産		資本金	2,000
商標権	100	資本剰余金	500
ソフトウェア	500	利益剰余金	2,000
無形固定資産合計	600	自己株式	0
・投資その他の資産		**株主資本合計**	**4,500**
投資有価証券	500	**評価・換算差額等**	
長期貸付金	500	その他有価証券評価差額金	0
投資その他の資産合計	1,000	**評価・換算差額等合計**	**0**
固定資産合計	6,700	**純資産合計**	**4,500**
資産合計	9,000	**負債及び純資産合計**	**9,000**

受取手形も後払いという点は一緒なのですが、請求書を出したあとで、取引相手から「いつまでにいくら払う」と書かれた書面（手形）を受け取る点が違います。

手形は銀行所定の用紙で作ります。銀行に持っていくと支払予定日より前に現金にしてもらうこともできます。ただし、簡単に言うと前借りなので金利は取られ、かつ取引相手が期日に支払えないときは銀行に現金を返さないといけません。

前借りできる分マシという考え方もありますが、一方で支払期日が先延ばしになることが多く、必ずしもよくありません。売掛金はその観点ではシンプルですが、そのままでは銀行で先にお金にしてもらうということはできません。一長一短ありますね。

このような商習慣があることは知っておくといいですが、回収できないリスクもあるので、**代金は後払いではなく先に現金でいただくのが最強**ということは忘れずにいきましょう。

有価証券は、ほかの会社の株式などの金融商品のこと。お金が余っているとき、資産運用として投資している場合に出てきます。

商品は在庫で、棚卸資産ともいいます。前払費用は先にお金を払ったけど来期の費用になるもので、意味合いは在庫と同じです。

代金未回収に備える貸倒引当金は▲で表示します。売掛金・受取手形と相殺するものですが、別にこうして表示します。

「有形固定資産」と「無形固定資産」

有形固定資産の項目は想像がつくものばかりだと思いますが、減価償却の表示について説明します。このサンプルでは建物などから、減価償却累計額が直接相殺されていますが、以下のように最初の建物などの金額から、間接的に差引する表記にすることもあります。

有形固定資産	
建物	3,500
減価償却累計額	▲800
建物（純額）	2,700

無形固定資産もいろいろあるのですが、商標権という会社や商品・サービスのロゴなどの商標の権利（権利取得にお金がかかる一方、長く使えるものなので資産です）や、業務で使用するアプリケーションを買った場合（サブスクではなく買い切りのもの）にはソフトウェアという科目でその金額を記録します。

また、有価証券には“投資”有価証券もあります。取引先の株式を持つような場合がありますが、そういうものはすぐには売らないので、固定資産の分類になるのです。

貸付金には、短期貸付金と長期貸付金があります。1年以上先に返済される計画のものは、長期貸付金としてこれも固定資産の区分になります。銀行ではないので、会社として誰かにお金を貸さないほうがいいのですが、たとえば「取引の関係でやむなく」「従業員の方に特別に」などの場合に、発生することがあります。

代表的な科目だけですが、資産の部にある項目について説明してきました。費用とは何が違うでしょうか？

受取手形と売掛金を除けば、どれもお金を出して手に入れるものですが、資産はすぐに使い切るものではなく、時間をかけて使っていきます。通常、商品や前払費用は翌年のうちに売ったり使ったりするもので、その時点で費用になります。固定資産は何年かにわたって使うので、減価償却でその期間で費用にします。

その他は受取手形と売掛金が典型ですが、いずれ現金になるもの。つまり将来現金になるか、次年度以降に費用になるものが資産ということ。それ以外の使いきるものが費用になります。

負債・資本の関係をわかりやすく整理する

次に、負債・資本について説明します。

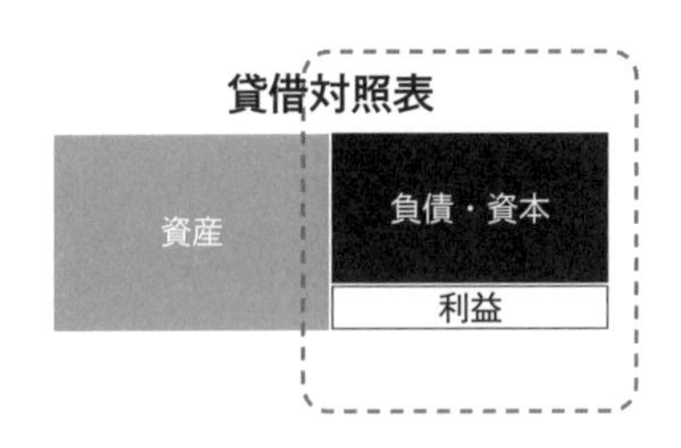

はじめは負債で、流動と固定の区別があります。まずは、支払手形・買掛金、続いて短期借入金・長期借入金もありますね。これは受取手形・売掛金・短期貸付金・長期貸付金の裏返しですが、借入は通常は銀行からの借入が主になります。

また、税金は後払い（決算で数字を確定して税金計算をします）なので、未払法人税等という名称で、利益を計算したあと税金の額を計算してここに記録しておきます。次年度に支払をします。

前受金は来期の売上につながるものです。お金は先にいただいています。前売券の分と考えたらわかりやすいでしょう。

■ 貸借対照表（202X年3月31日現在）

資産の部		負債の部	
流動資産		流動負債	
現金預金	1,000	支払手形	100
受取手形	100	買掛金	800
売掛金	510	短期借入金	500
有価証券	200	未払法人税等	200
商品	400	預り金	200
前払費用	100	前受金	200
貸倒引当金	▲10	**流動資産合計**	**2,000**
流動資産合計	**2,300**	固定負債	
固定資産		社債	
・有形固定資産		長期借入金	2,500
建物	2,700	退職給付引当金	0
車両	100	固定負債合計	2,500
備品	300	**負債合計**	**4,500**
土地	2,000	**純資産の部**	
有形固定資産合計	**5,100**	株主資本	
・無形固定資産		資本金	2,000
商標権	100	資本剰余金	500
ソフトウェア	500	利益剰余金	2,000
無形固定資産合計	**600**	自己株式	0
・投資その他の資産		**株主資本合計**	**4,500**
投資有価証券	500	評価・換算差額等	
長期貸付金	500	その他有価証券評価差額金	0
投資その他の資産合計	1,000	**評価・換算差額等合計**	**0**
固定資産合計	**6,700**	**純資産合計**	**4,500**
資産合計	**9,000**	負債及び純資産合計	9,000

預り金というのは、給与などから天引きした税金や社会保険料です。会社がまとめて、あとで税務署などに支払います。

お給料だけでなく、個人事業主の報酬として受け取った場合も、税金があらかじめ引かれることがあります。それもこの預り金として集計され、後日税務署に会社が支払をします。

天引きはしますが、税務署も支払われた人の年間のトータルの収入はわかりませんので、ここではあくまでも仮計算です。

年末に会社で年末調整という作業をするか、年明けに自分で確定申告をするかで、税額が確定します。これが大変な作業なので、個人事業や小規模事業者の方はとくに苦労されています。

続いて資本ですが、資本金と資本剰余金は株主が出資したお金です。お金自体は現金として資産になりますが、そのお金を出してもらった証がここに記載されます（元手のこと）。

利益剰余金は利益の積み重ねなので、いったんは黒色ではなく白色で、あとで黒色に変わります。利益剰余金にはあとで説明する当期純利益が含まれていて、損益計算書とつながります。

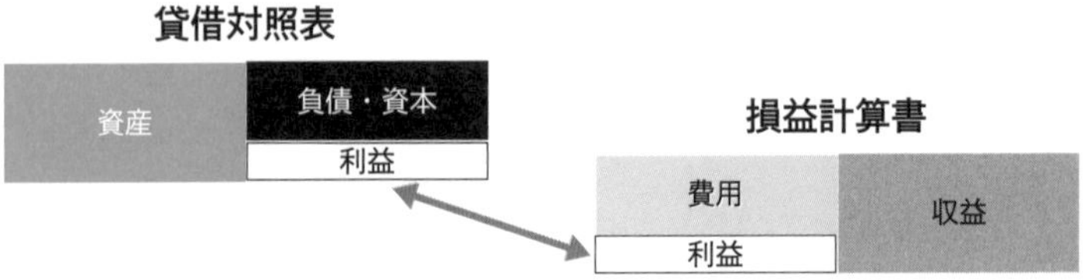

貸借対照表

資産

負債・資本

利益

損益計算書

費用

利益

収益

収益・費用・利益をそれぞれ最終確認

損益計算書は売上から加減算する形式です。

■ 損益計算書（202V年４月１～202X年３月31日）

科目	金額	
・売上高		5,000
・売上原価		3,000
売上総利益		2,000
・販売費及び一般管理費		1,350
営業利益		650
・営業外収益		
受取利息	0	
その他	0	
営業外収益合計		0
・営業外費用		
支払利息	50	
その他	0	
営業外費用合計		50
経常利益		600
・特別利益		
投資有価証券売却益	10	
その他	0	
特別利益合計		10
・特別損失		
固定資産除却損	100	
その他	10	
特別損失合計		110
・税金等調整前当期純利益		500
・法人税、住民税及び事業税		200
・法人税等調整額		
・法人税等合計		200
・当期純利益		300

本質はパズルの組み合わせですが、そのままでは見づらいので、経営成績が読みやすいように並べます。さらにその途中に○○利益という項目を入れています。これらを段階利益といいます。

まず収益（科目）を見ます。基本的には普通の商売であれば、いちばん上の売上がメインです。売上を確保し、費用を適正に抑えることで利益が出ます。

売上以外の受取利息や投資有価証券売却益などは、どちらも通常の販売活動とは別の収益なので、異なる区分に表示します。

次は費用です。販売費及び一般管理費は、通常は別紙で主要な内訳を出します。支払利息、固定資産除却損、法人税、住民税及び事業税などは、通常の販売活動とは別の費用ですので、異なる区分に表示されます。

最後に利益を見ていきましょう（損失の場合もありますが）。

○○利益には、それぞれに意味があります。

- **売上総利益**（粗利。売上から商品の仕入費用などを引いた利益）
- **営業利益**（売上総利益から販売経費を引いたもの。通常の販売活動による利益）
- **経常利益**（営業利益から借入金の金利などを引いた利益）
- **税引前当期純利益**（経常利益からその他の臨時的な収益・費用を差し引いた利益）
- **当期純利益**（税引前当期純利益から税金を差し引いた利益）

→このうち当期純利益が貸借対照表とつながる接点になります。

第7章

損益分岐点を超えよう！

アーティストの及第点は「損益分岐点」？

この章のゴールを説明したくてタイトルにしました。損益分岐点とは文字どおり、損失と利益を分かつポイント（売上高）です。

損益分岐点は、これまで説明してきた損益計算書と貸借対照表を眺めるだけでは答えは出せません。それらの表の中身を分析して突き止める必要があります。

何より**“分岐点”ですので、利益が出るように超えることが大事**です。「利益が出せて一人前」ということです。

アートの世界で生きていくにも、この損益分岐点を超えて利益を稼ぐことが必要になります。別の収入がある人を除いて、普通の人はずっと赤字では活動を続けられません。

商売では、一般的には売上が多いと利益が出やすい（普通はそうですが、必ず出るとまでは言っていません。ここ要注意です）ので、売上を最大にしようとみんながんばります。

ただ「売上を上げていればいつか利益がついてくる」わけではないので、売上に対してかかる費用を正確に管理しないと儲かりません。もちろん、売上がなければ利益も出ませんが。

これも商売の難しいところです。その理由の理解も含めて、会計の各表の見方をここから学んでいきます。

貸借対照表と損益計算書は、会社の財政状態と経営成績がわかる資料ですが、これらを単純に見るだけではわかる情報は限られます。まず何かやるとすると、前年と比較してみることです。

比較することで増減がわかります。もう少し進めると、たとえば売上と営業利益の割合を見るとか、流動資産は流動負債よりもどのくらい多いか比べてみるとか、何かと何かを掛けたり割ったりして、比率を見ることでわかるものがあります。

すごく単純な計算ですが、①売上高総利益率（売上総利益／売上高）、②売上高営業利益率（営業利益／売上高）、③流動比率（流動資産／流動負債）、④自己資本比率（資本／負債・資本合計）くらいは覚えておくといいので、最初に説明します。

もっとも、実際の商売では表面的な比率を分析することよりも、どうすると利益が出るのかを考えることがいちばん大事です。

そのために、**会社を運営する経費を固定費と変動費に分け、どのくらいの売上があると会社の利益が出るのかを分析する「損益分岐点分析」**という手法がありますので、最後に説明します。

- **固定費というのは、活動の有無にかかわらずかかる費用**
- **変動費というのは、取引量などに応じて変わる費用**

とくに、劇場やライブハウスのような専用の設備を持つ業態の場合は固定費の割合が多くなるので、損益分岐点の把握が重要になります。損益分岐点分析の話では、このバランスの取り方も説明していくので理解しましょう。

4つの「重要な指標」をおさえる

損益分岐点分析の話に入る前に、まず「重要な指標」を見ていきます。そもそもなぜ指標が必要なのでしょうか？

会計は、数字で会社の状態を見るためのものです。表の種類や作りはこれまで説明しました。ですが、今まで見てきた貸借対照表と損益計算書で、どこまで商売の状況がわかりますか？

もちろん、数字の大きい／小さい、増えた／減ったなどはわかりますが、その水準はほかの会社や事業と比較して、あるいは過去と比較してどうでしょうか。そのように見ようとすると、単に数字だけを見ていても比較できません。

そこで指標を使うのです。割合にすることで規模の違いを気にすることなく、比較しやすくなります。

具体的には、重要なものに絞って指標を説明します。ここで取り上げるのは以下の4つです。

1．収益性

①売上高総利益率　　売上総利益／売上高×100

②売上高営業利益率　営業利益／売上高×100

2．短期的安全性

③流動比率　流動資産／流動負債×100

3．経営の安定性

④自己資本比率　自己資本（資本）／負債・資本合計×100

まず「1．収益性」から見ていきましょう。

①売上高総利益率　売上総利益／売上高×100

第6章の例で、売上500万円に対し、売上総利益200万円というものがありました。売上高総利益率は40%です。

500万円の売上に対して300万円の仕入なので、3万円で商品を仕入れて、5万円で売っているということです。

40%という数字は、どう感じますか？　5万円の売価のうち利益が2万円ではもったいない気がしますか？

しかし、店舗のないネットショップでも倉庫を運営する費用や、従業員の給料以上には稼がないと事業が成り立ちませんので、適正な売上総利益を確保することは必要です。

■損益計算書（202V年4月1～202X年3月31日）　（一部抜粋）

科目	金額	
・売上高		5,000
・売上原価		3,000
売上総利益		2,000
・販売費及び一般管理費		1,350
営業利益		650

さらに配送料や、すぐに商品を送るために在庫を保管する必要もあります。事業にはさまざまなお金がかかります。

商品が手許にないと売れないので、先に仕入れる必要がありますが、全部売れるわけではありません。セールなどで安くして売らないといけない場合や、売れなくて廃棄する場合もあります。保管料もかかるので、在庫の本質はコストです。

すぐに欲しいものが購入できることは、買い手には価値があることですが、どれだけの売上を見込んで、製造元にどれだけの発注をするか、在庫を持つ判断は難しいです。

世の中の商売を見てみると、何かを仕入れて売る形態であれば、このくらいの利益率は標準的（ちょっといいほう？）です。

売上高総利益率をあげられたUNIQLOの秘密

とはいえ、そんなにいろいろ面倒なのであれば「自分で作って直接売ればよいのでは？」と思いませんか？

それはそのとおりで、その形で成長したのがUNIQLOです。SPA（Specialty store retailer of private label apparel）、製造小売りという業態です。**自社で作って、自社の店舗で売ります。中間コストがないので低価格高品質を実現しました。**

そのUNIQLOを例に見ていきます。ブランドではUNIQLOだけでなくGUやTheoryもグループで展開しています。次ページの数字は連結決算といって、グループ全体を合計したものです。

連結損益計算書（一部抜粋）〈IFRS〉 百万円単位	第60期 FY2021 (2021/8/31)	第61期 FY2022 (2022/8/31)	比率
売上収益	**2,132,992**	**2,301,122**	
売上原価	**1,059,036**	**1,094,253**	売上総利益率
売上総利益	**1,073,955**	**1,206,859**	50.4%／52.5%
販売費及び一般管理費	818,427	900,154	
広告宣伝費	66,576	79,267	
地代家賃	62,494	78,347	
減価償却費及びその他償却費	177,910	180,275	
委託費	50,320	55,420	
人件費	285,361	318,618	
物流費	91,375	93,122	
その他	84,389	95,102	
その他収益	18,238	16,951	
為替差益	2,912	4,727	
その他	15,325	12,223	
その他費用	25,315	27,391	
為替差損	−	−	
固定資産除却損	985	1,136	
減損損失	16,908	23,150	
その他	7,421	3,104	
持分法による投資利益	561	1,059	営業利益率
営業利益	**249,011**	**297,325**	11.7%／12.9%

（出典：株式会社ファーストリテイリングHP IR情報>財務・業績>連結PL）

国際会計基準（日本基準と若干違います）のため表示が少し違いますが、売上2.3兆円に対して売上総利益1.2兆円で、売上高総利益率は52.4%です（兆の単位ってすごいですね）。

たとえば6,900円のダウンの原価は3,327円になります。中間コスト削減効果が大きく、SPAならではの利益率です。

SPAはファストファッションの業界に多く見られます。

コストの問題もありますが、それ以上に、消費者の嗜好の変化が激しく、競争力を高めるには自社完結で短期間に臨機応変に対応できるようにしようという狙いです。

家具業界ではIKEAとニトリがSPAの形態です。

経費に4割弱もかけられる強み

次に「1．収益性」の売上高営業利益率を見ていきます。

②売上高営業利益率　営業利益／売上高×100

第6章の例（P177）では売上500万円に対し、営業利益65万円でした。率にして13%です。

売上高総利益率で40%でしたので、販売費・一般管理費が27%かかっている計算になります。

P185の図表を見ると、UNIQLOの営業利益率は12.9%です。店舗も展開しながらモノを売る会社としては、とても高いと思います。売上総利益率は52.5%なので、差引して売上の39.6%を経費に使っています。広告宣伝費や地代家賃、人件費が目立ちますね。

ハイブランドに比べて売上単価は低くても中間コストを省き、顧客の購入頻度が高いため、十分な売上総利益を確保し、それを原資に多額の経費を使えるのです。

事業規模が非常に大きいので、広告宣伝費に792億円もかけています。これだと、デザイナーさんやモデルさんに十分なギャラを支払えるので、喜んで引き受けてくれそうです。

こうなると、競合する企業にとってはものすごい脅威だと思います。ただUNIQLOは世界規模で競争しているので、競争環境は激しく、これに留まらずさらに成長していかれると思います。

100%を切ると不安を感じる「短期的な安全性」

では「2．短期的安全性」を見ていきましょう。

③流動比率　流動資産／流動負債×100

第6章の例では流動資産230万円、流動負債200万円なので115%です。これは安全な水準でしょうか？

流動とは、1年以内に換金できる、または支払うものを指しています。つまり、**すぐに現金にできるものと、すぐに現金を払わないといけないものの比較をしている**のです。

当然ですが、すぐに現金にできるものが多いほうがよいということは感覚的にわかっていただけると思います。

■ 貸借対照表（202X年3月31日現在）　（一部抜粋）

資産の部		負債の部	
流動資産		**流動負債**	
現金預金	1,000	支払手形	100
受取手形	100	買掛金	800
売掛金	510	短期借入金	500
有価証券	200	未払法人税等	200
商品	400	預り金	200
前払費用	100	前受金	200
貸倒引当金	▲10	**流動資産合計**	**2,000**
流動資産合計	**2,300**		

実は、この115%という数字はギリギリセーフかな……。100%を切ると要注意で、実際に経営をしていても支障が出てきて、不安になります。

ここでもまた、UNIQLOを見てみます。国際会計基準なので、同じく多少書式（名称も）が違いますが……。

・流動資産　2,178,851百万円（2.17兆円）
・流動負債　876,242百万円（0.87兆円=8,700億円）

割り算すると、なんと248.7%、財務面でも超優良企業です。流動負債よりも現金のほうが多いので（1,358,292百万円）、短期的に払うべきものを実際に全部払っても会社は揺るぎません。

連結貸借対照表（一部抜粋） （連結財政状況計算書） 〈IFRS〉 百万円単位	第60期 FY2021 (2021/8/31)	第61期 FY2022 (2022/8/31)	比率
資産			
流動資産			
現金及び現金同等物	1,177,736	1,358,292	
売掛金及びその他の短期債権	50,546	60,184	
その他の短期金融資産	56,157	123,446	
棚卸資産	394,868	485,928	
デリバティブ金融資産	27,103	124,551	
未収法人所得税	2,992	2,612	
その他の流動資産	15,270	23,835	流動比率
流動資産合計	**1,724,674**	**2,178,851**	296.9%／248.7%
非流動資産（固定資産）			
有形固定資産	168,177	195,226	
使用権資産	390,537	395,634	
のれん	8,092	8,092	
無形資産	66,939	76,621	
長期金融資産	67,122	164,340	
持分法で会計処理されている投資	18,236	18,557	
繰延税金資産	37,125	8,506	
デリバティブ金融資産	22,552	134,240	
その他の非流動資産	6,520	3,690	
非流動資産合計	**785,302**	**1,004,911**	
資産合計	**2,509,976**	**3,183,762**	

負債及び資本			
負債			
流動負債			
買掛金及びその他の短期債務	220,057	350,294	
その他の短期金融負債	104,969	209,286	
デリバティブ金融負債	2,493	1,513	
リース負債	117,083	123,885	
未払法人所得税	38,606	77,162	
引当金	2,149	2,581	
その他の流動負債	95,652	111,519	
流動負債合計	**581,012**	**876,242**	

（出典：株式会社ファーストリテイリングHP IR情報 > 財務・業績 > 連結BS）

高すぎても低すぎてもいけない？「自己資本比率」

最後に「3．経営の安定性」を見ます。

④自己資本比率　自己資本（資本）／負債・資本合計×100

第6章の例だと自己資本450万円、負債・資本合計900万円なので50％です。資本は現金を返さなくていいと説明しましたが、負債は現金を返さないといけません。

ですから、現金を返さなくていい資本が多いほど経営は安定すると言えます。

自己資本は、サンプルの表では純資産合計や資本合計と表記されていますが、どちらも図解で説明してきた黒色の「資本」のことです。資本金ではないのでご注意を（P156参照）。

■ 貸借対照表（202X年3月31日現在）（一部抜粋）

負債の部	
流動負債	
支払手形	100
買掛金	800
短期借入金	500
未払法人税等	200
預り金	200
前受金	200
流動資産合計	**2,000**
固定負債	
社債	
長期借入金	2,500
退職給付引当金	0
固定負債合計	**2,500**
負債合計	4,500
純資産の部	
株主資本	
資本金	2,000
資本剰余金	500
利益剰余金	2,000
自己株式	0
株主資本合計	**4,500**
評価・換算差額等	
その他有価証券評価差額金	0
評価・換算差額等合計	0
純資産合計	**4,500**
負債及び純資産合計	**9,000**

またUNIQLOを見てみましょう。資本1,615,402百万円に対して負債・資本は3,183,762百万円なので50.7%です。自己資本比率が50%を超えていて、利益がしっかり積み重なっています。

上場していると、この比率が高すぎても低すぎても株主から指摘されるのですが、たぶんちょうどよい水準です。高すぎると「お金があるのならもっと配当してほしい」、低すぎると「経営が不安だ」と言われます。このバランスもなかなか難しいところです。

連結貸借対照表（一部抜粋）（連結財政状況計算書）〈IFRS〉 百万円単位	第60期 FY2021 (2021/8/31)	第61期 FY2022 (2022/8/31)	比率
負債及び資本			
負債			
流動負債			
買掛金及びその他の短期債務	220,057	350,294	
その他の短期金融負債	104,969	209,286	
デリバティブ金融負債	2,493	1,513	
リース負債	117,083	123,885	
未払法人所得税	38,606	77,162	
引当金	2,149	2,581	
その他の流動負債	95,652	111,519	
流動負債合計	**581,012**	**876,242**	
非流動負債（固定負債）			
長期金融負債	370,799	241,022	
リース負債	343,574	356,840	
引当金	39,046	47,780	
繰延税金負債	9,860	44,258	

デリバティブ金融負債	1,042	44	
その他の非流動負債	2,342	2,171	
非流動負債合計	**766,665**	**692,117**	
負債合計	**1,347,678**	**1,568,360**	
資本			
資本金	**10,273**	**10,273**	
資本剰余金	**25,360**	**27,834**	
利益剰余金	**1,054,791**	**1,275,102**	
自己株式	−14,973	−14,813	
その他の資本構成要素	41,031	263,255	
親会社の所有者に帰属する持分	1,116,484	1,561,652	
非支配持分	45,813	53,750	自己資本比率
資本合計	1,162,298	1,615,402	46.3%／50.7%
負債及び資本合計	2,509,976	3,183,762	

（出典：株式会社ファーストリテイリングHP IR情報>財務・業績>連結BS）

以上、UNIQLOを例に、重要なものに絞って紹介しましたが、よく使われる指標ですので覚えておきましょう。

損益分岐点分析＝利益が出る目標を立てること

いよいよ本書のテーマの総本山、ここが「何で会計の勉強をしないといけないのか？」の大きな理由の一つにもなるでしょう。

税理士（私も税理士です）の立場で言うと「きちんと税金を支払わないといけないから」となるのですが、より積極的な理由としては「もっとその商売で儲けるため」でしょう。損益分岐点分析は、そのような前向きな目的のためにあります。

とはいえ、損益分岐点分析は今まで見てきた単純な割り算ではなくやや難解ですので、じっくり解説していきます。これもパズルを使って、なるべく平易に理解いただけるよう工夫します。

ところで「損益分岐点分析」とは何でしょうか？

もちろん、字を読めばわかるかもしれませんが、まず「損益」と「分岐点」の意味を考えていきます。

ちなみに、最後の「分析」はこの分析というか、計算ということになります。

「損益」は“損失”と“利益”を合わせた表現です。会社の損益はどうなっているか把握する場合、この損益には赤字（損失）も黒字（利益）もどちらの場合も含まれます。

なので、事業の状況を聞かれたときには「今月は100万円の赤字（損失）になりそうです」とか「今年は今のところ順調で、2,000万円の黒字（利益）の見込みです」などと答えます。

「分岐点」もそのままの意味ですが、損失と利益を分岐する点、と読み解いてみると何となくわかるでしょうか。損失が利益に変わるポイントということなのですが、あとで解説します。

一般的には、会社（商売）は売上がゼロ、もしくは売上がとても少ないと赤字（損失）になります。

一方、売上がとても大きいと黒字（利益）になります。売上が増えると、どこかで赤字が黒字に変わります。

会社は、売上が立たなくても人件費・家賃は必ずかかりますし、活動して売上が増えてくると、光熱費や交通費などの運営費用がかかります。

さらに販売を増やすためには、広告宣伝費などをしっかり使っていかないといけません。

つまり、商売というものは、何もしなくても費用はかかる（損失になる）ので、売上がちょっとだけ増えてもそれをまかなうには足らず、がんばってさらに売上が大きく増えるとようやく利益が出るようになる、という仕組みになっているのです。

たいていの商売はそういう構造なので、経営者は「どうしたら利益が出せるのか」あるいは「（利益が出ていても）売上がどこまで下がってもギリギリ利益が出せるのか」などを考えています。

その利益が出るようになる目安を計算して探ってみよう、というのが損益分岐点分析です。

つまり「利益が出る目標を立てましょう」と言い換えることもできるでしょう。そのほうがわかりやすいですね。

この損益分岐点分析は、どうしても計算が出てきてしまいますが、なるべく図解を入れて視覚的に説明していきます。

まず先に説明したように、費用には「①売上が立たなくてもかかる費用」と「②売上が立ってくると、もしくは売上を増やすためにかかる費用」の２種類があることをイメージしてください。

売上が上がっていくと、①はそのままですが、②は売上につられて増えていきます。

なので、①の人件費や家賃の分を稼げたら利益が出るわけではなく、つられて増えてくる②の分も稼がないといけません。利益を出せる売上の最低ラインは①よりも上にあるということです。

実際の商売では、これを正確に計算することは難しいのですが、一定の決まった計算の考え方があるので、それに当てはめてどの程度を「目安」にしたらいいか探ります。

「固定費」と「変動費」

前置きが長くなりましたが、ここから図解も入れて具体的に説明します。

損益分岐点分析は、グラフが出てきて数学のように見えますが、考え方はシンプルなので、枠組みを理解してください。

ここで取り上げるのは「どれだけの売上を上げると、それにかかる費用をまかなって利益が出せるか？」という計算です。

この図に示したとおり、売上がこの青点線と黒点線の交点を割り込むと赤字になるので、この交点を損益分岐点と呼んでいます。

この判断のカギを握るのは費用の分類です。まず、費用を固定費と変動費に分けます。ここで固定費と変動費という聞きなれない単語が出てきました。
「①売上が立たなくてもかかる費用」が固定費で、「②売上が立ってくると、もしくは売上を増やすためにかかる費用」が変動費です。
次の図で説明していきます。

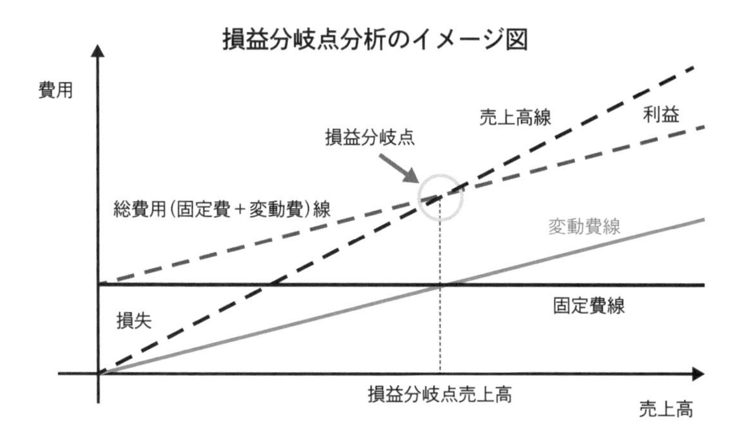

損益計算書では、売上原価、販売費・一般管理費という区分でした。この損益分岐点分析では、同じ費用の話ですが、損益計算書の区分ではなく、それぞれの勘定科目を、固定費と変動費のどちらかに区分します。

次ページの図がそのイメージです。性質の違いによる分類なので、売上原価、販売費・一般管理費ともに固定費と変動費が存在します。費用の中をさらに区分（色分け）して考えます。

	固定費	変動費
売上原価	費用	費用
販売費および一般管理費	費用	費用

固定費、変動費とは売上の金額の変化に応じて「①固定（変わらない）のもの」と「②変動（変わる）のもの」という区分でした。

たとえば建物を持っていると、減価償却費は売上の増減では変わりませんので固定費です。人件費は、正社員は簡単に減らせない固定費ですが、アルバイトはシフトの調整などで変更が可能な変動費と考えます（調整の容易さによる違いです）。

商品の原価（売上原価）は、売上の増減で変動するので変動費です。

ただし、イベントの会場費は売上原価でも金額が一定なので固定費です。

売上原価、販売費・一般管理費ともに、固定費と変動費が存在するイメージが持てますか？

実際の固定費・変動費を見てみると……

これも実例で見てみましょう。UNIQLOの数字（連結損益計算書）を持ってきました。

売上原価は衣料品の仕入なので、すべて変動費となります。販売費・一般管理費は、地代家賃、減価償却費、人件費の一部が固定費となり、広告宣伝費、委託費、人件費の一部、その他が変動費となります。人件費は２種類に区分しました。

UNIQLOは、IFRSという国際会計基準を採用していて、日本の会計基準とは一部の表示が異なります。

連結損益計算書（一部抜粋）〈IFRS〉 百万円単位	第60期 FY2021 (2021/8/31)	第61期 FY2022 (2022/8/31)
売上収益	2,132,992	2,301,122
売上原価	1,059,036	1,094,263
売上総利益	1,073,955	1,206,859
販売費及び一般管理費	818,427	900,154
広告宣伝費	66,576	79,267
地代家賃	**62,494**	**78,347**
減価償却費及びその他償却費	**177,910**	**180,275**
委託費	50,320	55,420
人件費・**人件費**	214,021・**71,340**	238,964・**79,654**
物流費	91,375	93,122
その他	84,389	95,102

（出典：株式会社ファーストリテイリングHP IR情報＞財務・業績＞連結PL）

日本の会計基準では、売上高から売上原価と販売費及び一般管理費を差し引いたものが営業利益ですので、ここではその範囲で区切って説明をいたします。

営業利益は純粋に事業活動で生じた利益になりますので、損益分岐点分析も通常はその範囲で計算して分析します。

IFRSでは、営業利益の定義をより広範囲に捉えていて、為替の差損益や、固定資産の除却（廃棄）費用などの影響も含めるため、その他収益・その他費用を加減算しています。

黒の太字が固定費、青の太字が変動費です。各科目で、変動・固定に分類した理由を考えてみてください。そして変動か固定かのイメージを持っていただけたらと思います。人件費は1/4を固定費と仮定します。

実は公式がありますので、とりあえずこれに当てはめましょう。

第60期の固定費は311,744百万円、変動費は1,565,717百万円、第61期の固定費 は338,277百万円、変動費は1,656,138百万円となります。そして第60期の売上高は 2,132,992百万円、第61期の売上高は2,301,122百万円です。

$$\frac{【固定費】}{\dfrac{売上 - 【変動費】}{売上}} = 損益分岐点売上高$$

計算すると「第60期　FY2021（2021年度）」は、1,172,179百万円（1.1兆円）、「第61期　FY2022（2022年度）」は、1,206,875百万円（1.2兆円）が損益分岐点売上高になります。

売上高に比べて、それぞれ55.0%、52.5％といった水準です。これ以上に売上が伸びると、黒字になって利益が出る（逆は赤字になる）という分岐点になります。

半分ちょっと売上が上がれば赤字にはならないというのは、かなり儲かっている状況です。これだけ利幅がありますと、売れ残りを大幅に値引きしても利益が出ますよね。

公式なのでこれで説明を終えてもいいのですが、それでは全体の構造が学べないので、これからじっくり説明します。道具は理解して使ったほうがよりよい結果を導き出せます。

もう一度損益分岐点分析のグラフに戻ります。

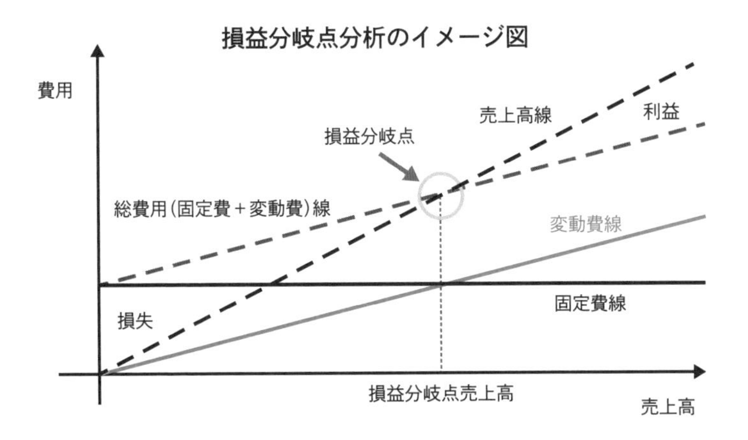

グラフの横軸が売上で、縦軸が費用です。まだ売上に応じて費用が変化する、という意味が実感しにくいかもしれません。

まずは売上のグラフ（黒色の点線）が左の０から右に向かって増える様子を見てください。

固定費は黒色の実線ですが、右から左まで同じ金額なので横に一直線に引かれています。固定費なので、売上が増えてもかかる費用は一定で変わらないというものです。

変動費は青色の実線です。これは左の0から右に向かって増えています。売上に応じて発生する費用だからです。

売上よりも角度が緩いですが（緩くないと困る）売上とともに増加します。増え方は実際には完全に比例するわけでもないし、商品１点当たりで増えるものと月単位で増減するものなど種類はありますが、売上がゼロならばゼロにできる費用という考え方で、固定費と変動費に大きく二分します。

費用は最終的に合計するものなので、費用総額の線＝総費用線（青色の点線）は固定費の上から始まって増えていきます。

絶対に守るべき売上の水準

大事なところなので、少し補足します。固定費はその名のとおり、何もしなくてもかかる費用です。もちろん売上がゼロでも。

ということは、**売上をゼロから増やしていき、どこで固定費をまかなう利益を出すことができるかを考えると、赤字から黒字への転換点の売上がわかります。**ただ、売上に伴い変動費も増えるので、増える利益の計算ではそれも考慮します。

そのように、求められた転換点のことを損益分岐点（そのときの売上を損益分岐点売上）と呼んでいます。

逆に上から見てくると、それ以下に売上が下がってしまうと赤字に転落してしまうという、絶対に守るべき売上の水準、最低ラインになります。

改めて、ここではこの分析で何を求めていきたいかの目的をしっかり理解しましょう。

固定費、変動費の区分は厳密には難しいところがありますが、おおむねの傾向や水準をつかむため、多少の誤差は気にせず計算します。目安をつかむだけでも十分価値があります。

変動費は、売上に応じてかかる費用です。物品販売であればその品物の仕入の金額ですし、店舗の光熱費やアルバイトさんの給与なども一般的な議論ではこちらに入ります。

計算は、このあと実践していきます（公式ははじめに見せましたが）。まずこのグラフのイメージを印象に残してください。

繰り返しですが、**黒と青の点線同士の接点が損益分岐点売上高**です。黒の点線と、黒の実線（固定費）も交わりますが、ここの点にはまったく意味がありません。黒の実線（固定費）と青の実線（変動費）も交わりますが、これも何の意味もありません。

第8章

損益分岐点分析の実践

ビジネスホテルの事例から損益分岐点を見つける

第7章でUNIQLOの事例を説明しましたが授業での経験上、ビジネスホテルの事例がわかりやすいので、今回はそちらの事例を紹介します。

ここで取り上げるのは、株式会社アメイズという九州のホテルチェーンの上場企業です。大分県別府の老舗旅館「亀の井ホテル」(2014年に譲渡)を前身とし、現在は名称変更して「HOTEL AZ」を運営しています。

まず、どんな会社か拝見しましょう。少し古いですが、ビジネス系雑誌に取り上げられた記事を題材とします(日経トップリーダー2009年11月1日号「特集プロフェッショナル」より引用)。この記事の中に、同社の穴見保雄社長(当時)のコメントがあります。

『数字を読み込んでいると、会社のどこが病んでいるか分かるから、処方せんを書くことができる。その意味で、企業とは生き物に似ていると思う』

穴見社長は一代でジョイフルというファミレスチェーンを作り上げた創業経営者(今風に言えば起業家、アントレプレナー)です。その後、亀の井ホテルを買収してホテル事業に進出されました。これらの言葉から、商売人ならではの独特の嗅覚を持っていらっしゃることを感じます。

　こちらの記事のタイトルはこれも引用ですが『「ムダ取り」と「数値管理」で空室だらけでも儲かるホテル』と書かれています。

　さらに、記事本文の書き始めの箇所を引用させていただきます。

『ビジネスホテルの立地と言えば、これまでは事業所の多い駅前と相場が決まっていた。だが、大分市を本拠地とするホテルチェーン「亀の井ホテル」はそんな常識を覆す戦略で躍進している。

　74歳の社長、穴見保雄が穏やかな口調で語る。「ウチが進出するのは町の中心部でもなければ郊外ですらない。言ってみればただの田舎。でもそんな場所でも、やりようによっては十分採算が取れる」

　穴見がビジネスホテルのチェーン展開を本格的に始めてからわずか6年にすぎないが、九州を中心に約20カ所のホテルを運営している。客室数250室ほどのタイプが中心だ。

　亀の井ホテルの宿泊料金はシングルの部屋で、「１室朝食付き4800円」である。「ただの田舎」にある以上、便利な場所にある同クラスのビジネスホテルに比べると、安めなのは当然である。

　客室稼働率も高くない。駅前にある一般的なビジネスホテルより低いことがほとんどだ。ビジネスホテルは通常、客室稼働率70％が採算ラインと言われるが、穴見は「ウチは稼働率が35％から40％でも採算が取れる仕組みを作っている」と自信を示す。』

この本文の最後にある「稼働率が35%から40%でも採算が取れる仕組み」というのが興味を惹かれるポイントですが、これは儲けが出るかどうかの最低ラインです。

実際この会社は利益が出ていますので、通常の採算ラインとされている「客室稼働率70%」より少し低い60%の客室稼働率であると想定し、このあとの計算をやっていきます。

会社が発表している数字から見えてくるもの

それでは、2012年の数字をもとに分析をしましょう。

ちょうどこの会社がIPOを実現した年度で、そのときの公表情報を用います。数字は古いですが、計算過程や結果には特に影響はありません。最新の公表情報ですと分析に必要な情報が非公表ですので、この資料は当時の情報を使って作成しています。

ちなみに、宿泊施設の稼働率は景気動向だけでなく、近年では外国からの観光客の動向に大きく左右されます。ここでの想定は2010年～12年ごろの経済状況を反映しています。リーマンショックといわれる21世紀初めの世界的な景気後退期における話としてご理解ください（客室単価の相場も今とは違います）。

計算の前提となる数字をいくつか確認していきます。計算の前提を整えるために、実際の数字が不明なものについては、仮定をおいて進めていきます。

損益計算書（要約） 百万円単位	FY2011 （2011/11/30）	FY2012 （2012/11/30）	比率
売上高	**7,351**	**8,505**	
売上原価	**1,226**	**1,345**	**売上総利益率**
売上総利益	**6,124**	**7,160**	**83.3%／84.1%**
販売費および一般管理費	5,783	6,298	**営業利益率**
営業利益	**341**	**861**	**4.6%／10.1%**
営業外収益合計	88	62	
営業外費用合計	231	213	
経常利益	**199**	**710**	
特別利益合計	0	63	
特別損失合計	40	0	
税引前当期純利益	**159**	**773**	
法人税等合計	51	358	
当期純利益	**108**	**414**	

（株式会社アメイズ「新株株式発行並びに株式売出届出目論見書」2013年７月P51より引用）

2012年の売上高総利益率は、前年の83.3%から84.1%と大きな変化はありませんが、売上高営業利益率は4.6%から10.1%に急上昇しています。比較すると販売費及び一般管理費の比率が大きく下がっています。会社運営コストをあまり増やさずに売上を伸ばせたようです。2011年はIPOの準備費用が、一時的に多くかかっていてそれが減った可能性もあります（これは想像です）。

次は、売上原価の明細書です。

売上原価明細書

区分 百万円単位	FY2011 (2011/11/30)		FY2012 (2012/11/30)	
区分	金額	構成比	金額	構成比
Ⅰ 商品売上原価				
商品期首たな卸高	3		3	
当期商品仕入高	65		61	
計	68		65	
商品期末たな卸高	3		4	
商品売上原価	65	5.3%	61	4.6%
Ⅱ 食材売上原価				
食材期首たな卸高	17		28	
当期食材仕入高	1,172		1,283	
計	1,190		1,312	
食材期末たな卸高	28		28	
食材売上原価	1,161	94.7%	1,283	95.4%
売上原価	**1,226**	**100%**	**1,345**	**100%**

(株式会社アメイズ「新株株式発行並びに株式売出届出目論見書」2013年7月P52より引用)

この会社の売上原価は、商品・食材であることがわかります。棚卸もしていますね。通常、商品や食品の仕入は、売上に応じて変わるため、ここではすべて変動費とします。

最後に販売費及び一般管理費の明細です。そこまで細かい情報ではありませんが、計算するには十分です。

ここでは、計算の前提となる情報の整理をしています。

販売費及び一般管理費 ＊主要項目のみ 百万円単位	FY2011 (2011/11/30)	FY2012 (2012/11/30)	
給料及び手当	1,481	1,632	(固定費・変動費)
減価償却費	794	1,347	(固定費)
水道光熱費	513	612	(変動費)
業務委託費	434	532	(変動費)
消耗品費	386	338	(変動費)
公租公課	300	314	(固定費)
地代家賃	774	161	(固定費)
退職給付費用	11	11	(変動費)
役員退職慰労金繰入額	6	7	(変動費)

（株式会社アメイズ「新株株式発行並びに株式売出届出目論見書」2013年7月P63より引用）

また給料及び手当については、正社員（固定費）、アルバイト（変動費）の区別がありませんので、想定をするしかありません。今回の計算では、給与の1/4を正社員分と仮定して固定費とします。

客室稼働率は、一般的には公表されません。採算ラインですので、それこそ企業秘密なのでしょう。

ただ、穴見社長（当時）は「ウチは稼働率が35％から40％でも採算が取れる」と豪語されています。そこで、このあとの計算では、アメイズの稼働率実績は記事の中で、通常の採算ラインとされている70％を下回る60％であると想定します。

今一度、変動費・固定費の世界へ

売上の変化に対して「①固定（変わらない）のもの」が固定費で、「②変動（変わる）のもの」は変動費という区分でしたね。損益分岐点の図のイメージはつねに持っておいたほうがいいです。

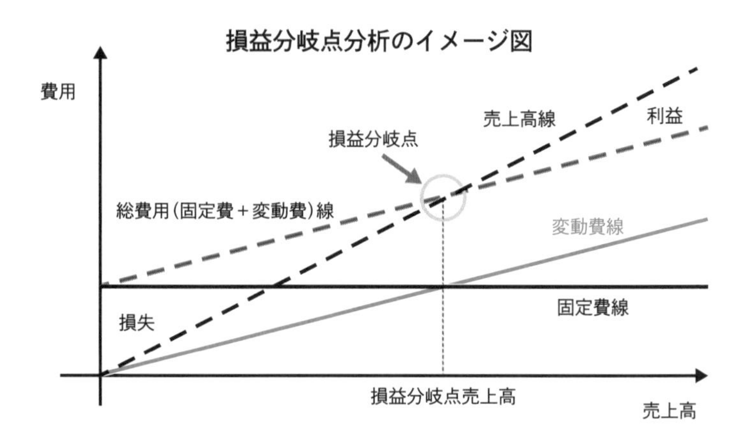

これもおさらいですが、たとえば建物は、減価償却費は売上の増減では変わりませんので固定費です。人件費は、正社員は簡単に減らせない固定費ですが、アルバイトはシフトの調整などで変更が可能な変動費です。

商品の原価（売上原価）は、売上の増減で変動しますので変動費です。ただし、イベントの会場費は、売上原価でも金額が一定なので、固定費です。

	固定費	変動費
売上原価	費用	費用
販売費および一般管理費	費用	費用

第7章でもお話ししたことですが、これをアメイズ社に当てはめて考えてみましょう。

ここまでの情報から、亀の井ホテルの固定費と変動費を推測します。それぞれの売上に対する比率を求めて、1泊あたりの固定費と変動費を明らかにしていきましょう。

＜費用の区分と分類＞

売上　8,505百万円

売上原価　1,345百万円　変動費

販売費・一般管理費　6,298百万円

（うち給与　1,632百万円）　変動費・固定費

（うち固定費部分　408百万円）○

（うち変動費部分　1,224百万円）

※給与の1/4を固定費と仮定しています。

（うち減価償却費　1,347百万円）固定費 ○

（うち公租公課　314百万円）固定費 ○

（うち地代家賃　161百万円）固定費 ○

※固定費に該当するものだけ、内書きをしています。

- **固定費合計　2,230百万円（売上比26.2%）**

  408+1,347＋314+161=2,230百万円（○の合計です）

- **変動費合計　5,413百万円（売上比63.6%）**

  1,345＋6,298－2,230=5,413百万円

変動費合計は、販売費・一般管理費の合計（6,298百万円）から、固定費の金額をマイナスした残りが変動費になるという考え方で計算しています。必ずどちらかに分類します。固定費・変動費の図に数字を当てはめてみると、下図のようになります。

なお、固定費を給与の4分の1（正社員分）と減価償却費と公租公課と地代家賃であると想定しています。

給与は1/4を正社員（固定費）、残りをアルバイト（変動費）と仮定しています。正社員とアルバイトの人数比は経営方針、お店の状況などで異なります。ここでは計算のための仮定の比率です。

	固定費	変動費
売上原価	0	1,345
販売費および一般管理費	2,230	6,298－2,230 ＝4,068
	合計 2,230	合計 5,413

ホテル業は、貸借対照表に建物があるため減価償却費が必ず存在します。計算を思い出してください。稼働状況にかかわらず、同じ金額の減価償却費が発生します。つまり固定費です。

公租公課は、大半が建物等の固定資産税（償却資産税）と思われるので固定費とします。地代家賃も売上ゼロでも発生するので固定費です。

という想定で単純な計算にしていますが、固定費と変動費に全体をわけてみました。どんな感じになるか、なんとなくでもわかりますでしょうか？

損益分岐点を計算していこう

まず会社全体での数字を出しましたが、具体的にイメージしやすいように「1棟あたり」の損益分岐点を考えましょう。まず「1室1泊あたり」の単価を推定します。謎解き風でワクワクしませんか？（私だけ？）

客室売上単価は4,800円（定価）ですので、4,800円に固定費の売上比、変動費の売上比を掛け算して求めることとします。

・客室売上単価　4,800円
・固定費単価　　1,258円
　4,800円×26.2％（固定費の売上比）（前ページ参照）
・変動費単価　　3,053円
　4,800円×63.6％（変動費の売上比）（前ページ参照）

→両者を足して1室あたりの総費用は4,311円となります。

稼働率は60％で設定します（250室のうち150室が稼働）。社長インタビューから業界最低基準以下という想定です。

・**稼働率　60%**

固定費は比率を掛けて1室あたりの単価にはしましたが、稼働室数にかかわらず全体の金額は固定されている（変わらない）ので、稼働率が上がると固定費の単価は下がります。

変動費は稼働が1室増えると、3,053円が追加でかかっていくという計算になります。実際にそんな細かい単位できれいには増えないですが、計算をシンプルに考えるためです。

この固定費と変動費の特徴、このあとの計算でも大事になるところなので、ぜひしっかり確認してください。

箇条書きにしてまとめると以下のようになります。

- **固定費は稼働率にかかわらずホテル全体でかかる総額が一定。**
- **変動費は稼働率が変わると、1室あたりの費用が増減する（そのため単価を計算した）**
- **固定費と変動費で、ホテル全体か1室あたりかという捉え方の単位が違う。「なぜそうなのか？」という点も含めて混乱のないように整理すべし！**

この場合、固定費は総額の2,230百万円（年間のホテル全体）で固定して考えます。一方、変動費はホテルの稼働率が増減するたびに5,413百万円の総額（60％稼働時）から「3,053円×室数×日数分」だけ増減するということになります。

もう一度P212などの損益分岐点分析のイメージ図を見返して、イメージを再確認してくださいね。

さて、これまでの想定の現実感を確認するため、会社全体でホテルが何棟あるかを推測してみます。

計算式は次のとおりですが「全部定価で販売する」「ホテルの大きさなどの規格が標準化されている」という前提にしています。

年間の売上を１日あたりにして、１棟あたり単価4,800円で150室稼働していると考えると、32.3棟となります。

8,505百万円（売上）÷365日÷150室（平均稼働率60％）
÷4,800円＝32.3棟

IPOのときの資料によると、実際に直営のホテルは32棟ですので、近い数字になっています。ですので、ここから稼働率60％の想定はおおむね正しいだろうと考えられます。

■ **グループホテル一覧** 　2013年6月末日現在

		九州						中国	東海・北陸			甲信越		合計
		大分	福岡	熊本	宮崎	佐賀	鹿児島	山口	三重	愛知	石川	長野	山梨	
直営	亀の井ホテル	5	8	6	3	1		3			1	1	1	29
直営	HOTL AZ		2				1							3
FC亀の井イン				1					1	1				3
合計		5	10	7	3	1	1	3	1	1	1	1	1	35
		27						3	3			2		

（株式会社アメイズ「新株株式発行並びに株式売出届出目論見書」2013年7月表紙裏ハイライトより引用）

さて計算です。まずは公式を再度見てみましょう。第7章で見たとおり、この公式にあてはめると簡単に計算できます。

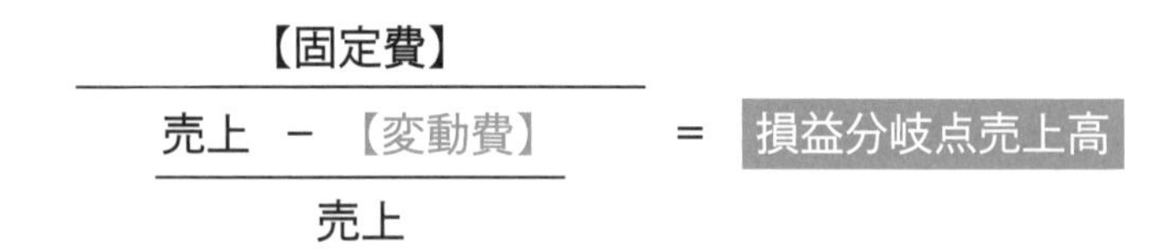

損益分岐点分析の計算は、公式にすると単純です。

もちろん、これをそのまま覚えてもいいのですが、それではあまり身につかないと思います。ですから「なぜこれで計算ができるのか？」「この数字は何を意味しているのか？」を紐解いていきましょう。

「1棟あたり何室稼働していればいいか」を計算

ここまでの情報をもとに、1棟あたり250室のホテルの棟ごとの損益分岐点を分析します。

・客室売上単価　4,800円
・固定費単価　1,258円（4,800円×26.2%）
・変動費単価　3,053円（4,800円×63.6%）
・稼働率　60%（250室に対して150室稼働）

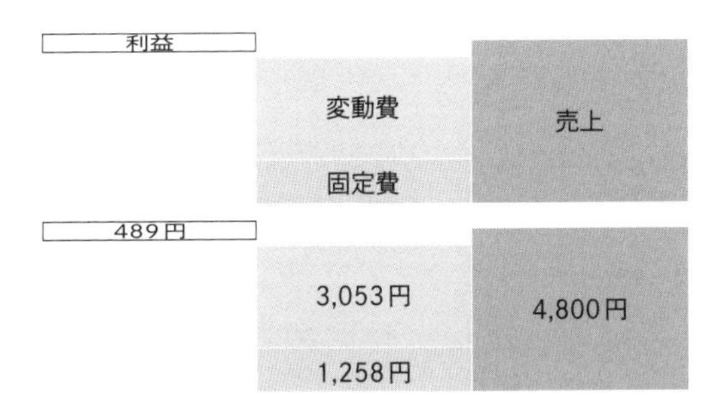

・稼働率　60%（250室に対して150室稼働）

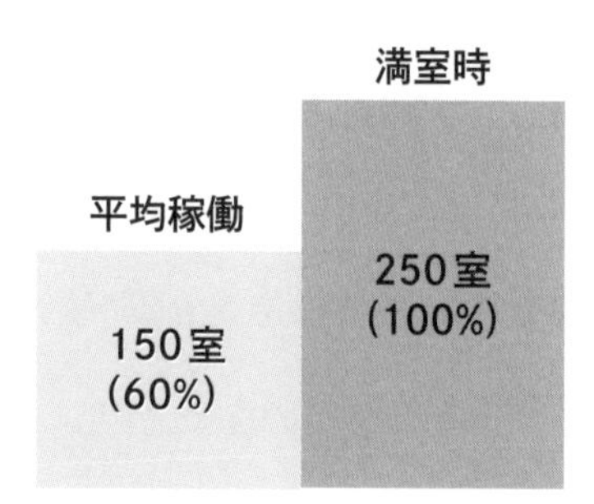

・客室売上単価　4,800円
・固定費単価　1,258円（4,800円×26.2%）
・変動費単価　3,053円（4,800円×63.6%）

これを前提に稼働率60%＝150室稼働とすると、1棟あたりの1日の数字は以下のとおりです。これが60%稼働時の250室のホテル1棟あたりの1日の売上と費用です。

・客室売上　720,000円（4,800円×150室）
・固定費　188,700円（1,258円×150室）
→総額188,700円で固定して考えていきましょう。
・変動費　457,950円（3,053円×150室）
・営業利益　73,350円

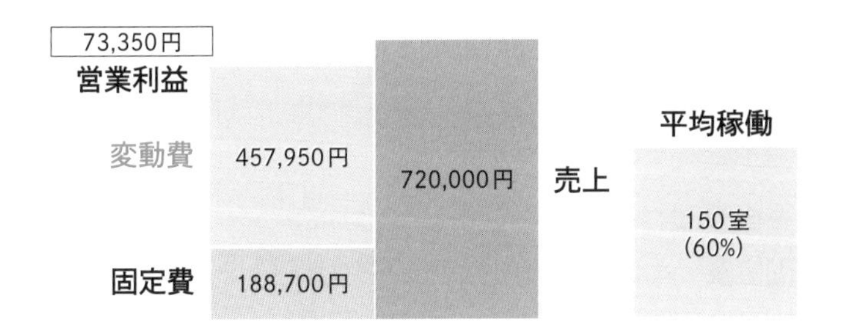

ちなみに、満室＝稼働率100％になると以下のとおり。営業利益は約3.4倍の248,050円に増えます。

・客室売上　1,200,000円（4,800円×250室）
・固定費　188,700円（固定なので金額は同じ）
・変動費　763,250円（3,053円×250室）
・営業利益　248,050円

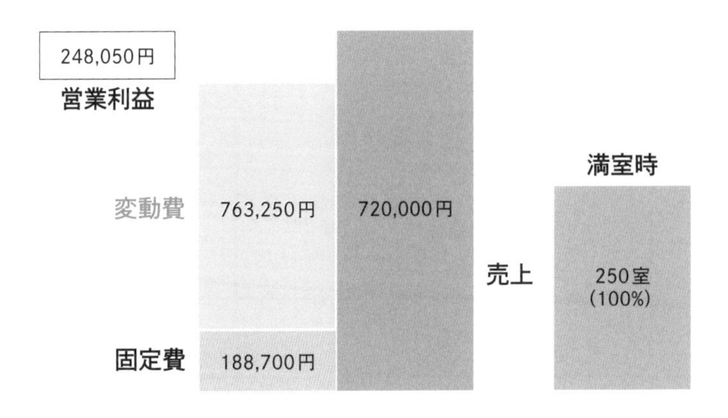

また、稼働率80％では以下のとおり。営業利益は60％稼働時の約2.1倍、160,700円です（図は省略します）。

- 客室売上　960,000円（4,800円×200室）
- 固定費　188,700円（固定なので金額は同じ）
- 変動費　610,600円（3,053円×200室）
- 営業利益　160,700円

いずれも固定費は同じ金額（ホテル一棟毎の計算なので）になっていることに着目してください。

図をもう一度思い出しましょう。棒グラフとこの線グラフを連携させてイメージしてみてください。

損益分岐点分析のイメージ図

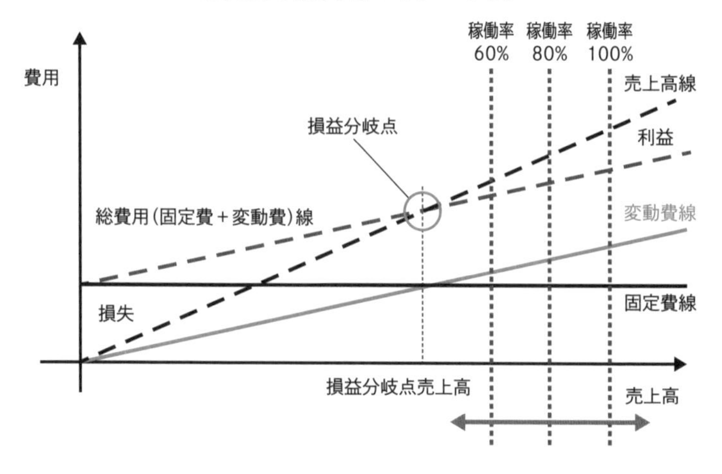

今は稼働率を変えてみたので、この横軸の売上の金額を左右に動かしたというイメージです。**60%から100%に動くあいだに、利益のところがどんどん広がるイメージがわかりますよね。**

実は揃ったデータをExcelに入れると、簡単にグラフができます。なので、先にイメージをお見せします（グラフの作り方はネットで調べられますのでここでは解説しません）。

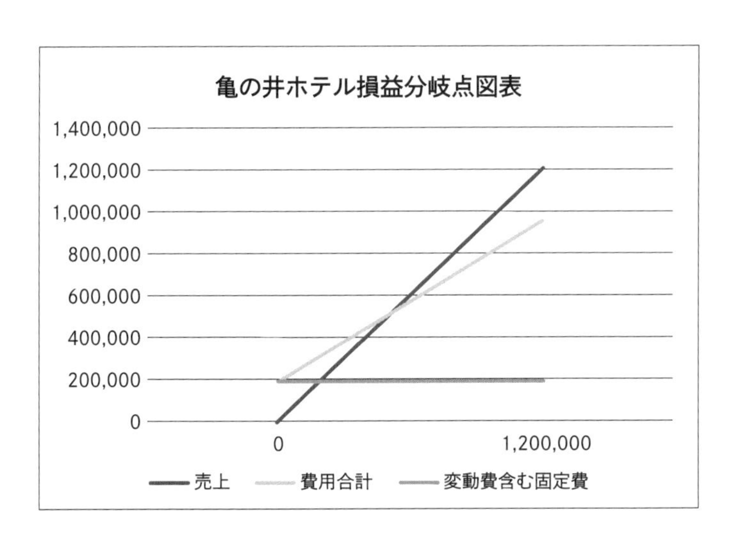

それでは、損益分岐点売上高をつきとめにいきましょう。

数字をもう一度確認してみます。とりあえず両極端ですが、稼働率０％と100％の数字を並べてみましょう。当たり前ですが、損益分岐点売上高は０から1,200,000のあいだです。

とはいえ、どのあたりでしょう……？

	稼働率	稼働率
	0%	100%
・売上	0円	1,200,000円
・費用合計	188,700円	951,950円
・うち固定費	188,700円	188,700円
・うち変動費	0円	763,250円

「1室1泊あたりでいくら儲かるか？」に着目

では、ここから計算で確かめていきます。

はじめに「限界利益」という新しい考え方についてご説明していきます。

難しい表現ですが、要は「1室1泊あたりでいくら儲かるか？」という話です。

ホテル全体で見ると、1棟250室、32棟で8,000室です。365日だと292万室になります。

そんな中で「1室1泊の稼働が増えたらどれだけ儲かるか？」というのは、全体から見ると微々たる違いにしかなりません。

このように、**現状から“限界的に”最低単位の稼働が増えたら増える利益のことを限界利益**と呼んでいます。

ホテルに限らずですが、固定費は何をしても変わらないので、売上から変動費を引いたものが、この限界利益に相当します。1

室１泊あたりの稼働が増えたときに追加で発生する費用は変動費だけですので。

ここで求めようとしている損益分岐点売上高は“赤字にならない”水準の売上ということです。

つまり、その時点で必ずかかる固定費を、その水準のときの売上から変動費を引いた差額（限界利益）でまかなえている（つまり固定費と限界利益が同じ金額）状態であるとなります。

言い換えると、**固定費を限界利益でまかなうには、どれだけの売上が必要かということを求めるのが、損益分岐点分析の計算の目的です。**

限界利益は表現がわかりにくいですが、たとえば１室１泊4,800円の売上が増えたら、どれだけ営業利益が増えるのかということです。

この場合、固定費は増えないので、限界利益は売上と変動費（3,053円）の差額である1,747円となります（限界利益率＝36.4%）。

なので、この1,747円で何室稼働したら、固定費（1棟で188,700円）を回収できるかを考えます。

固定費は売上がゼロでもかかる一方、売上が増えても変わらないので、逆に「売上が増えたときの利益（限界利益）で固定費をまかなおうとするとどのくらいの売上が必要か」という見方をします。

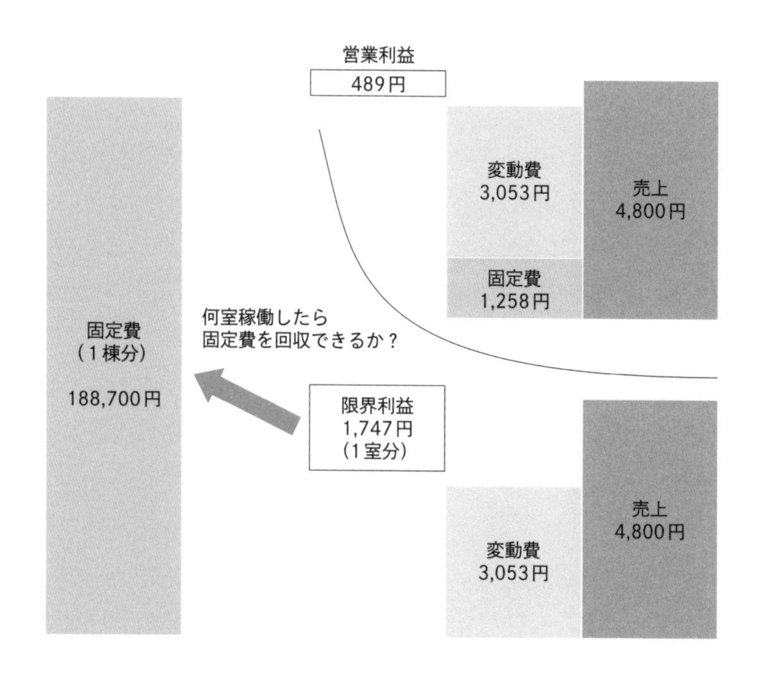

「限界利益」という言葉はわかりにくい？

限界利益という言葉は、やはりわかりにくいでしょうか？

この限界利益は、固定費（何があってもかかる）の存在は無視して、売上が最低単位で少し増えたら利益はいくら増えるかを計算したものです。なので、今回の例では「売上単価－変動費単価」で考えています。

語源は“Marginal Profit”の和訳なので「ぎりぎりの（小さい単

位での）利益」ですが、それをおそらく最初に訳した方がぎりぎりとは言えないので「限界」という言葉を使ったのでしょう。

ぎりぎりの状態のことを「限界的」と言いますので、正しいのですが、英語の原語で考えたほうがわかりやすいかもしれません。

「損益分岐点売上高」の公式

ではいよいよ、この公式の説明に入ります。

$$\frac{【固定費】}{\dfrac{売上\ -\ 【変動費】}{売上}} = 損益分岐点売上高$$

限界利益は、売上から変動費を引いたものです。なので「売上－変動費」です。損益分岐点は、限界利益が固定費と同じ金額になるポイントです。

まず、実際の売上と変動費の金額から計算し、限界利益率（限界利益÷売上）を求めます（分母の部分です）。損益分岐点は「限界利益が固定費と同じ金額になるポイント」ですから、固定費の金額を限界利益率（36.4%）で割ると元の売上がわかります。

限界利益率は売上にかかわらず、つねに一定とします。とすると、こういう算式が成り立ちます。

$$\frac{188{,}700(\text{固定費})}{\dfrac{720{,}000(\text{売上}) - 457{,}950(\text{変動費})}{720{,}000(\text{売上})}\ (\text{限界利益率}36.4\%)}$$

$$= \text{損益分岐点売上高} = 518{,}466\text{円}$$

ここでは稼働率60％のときの数字を使っていますが、売上と変動費を100％の稼働率のときの数字で計算しても同じ結果になります（単価で考えるやり方はこの計算式の説明のあとで解説します)。

違うアプローチで整理します。固定費は188,700円で、限界利益率は36.4％でした。固定費＝売上×限界利益率という関係が成り立つ売上高が損益分岐点売上です。

$$188{,}700(\text{固定費}) = \text{損益分岐点売上高} \times \frac{720{,}000(\text{売上}) - 457{,}950(\text{変動費})}{720{,}000(\text{売上})}\ (\text{限界利益率}36.4\%)$$

「固定費＝損益分岐点売上高×限界利益率」の式は「固定費÷限界利益率＝損益分岐点売上高」と変形できます。

この数式を解くと損益分岐点売上は、188,700÷36.4％＝518,466円になります。

損益分岐点売上のとき、その「稼働室数」は？

それでは損益分岐点売上時の「稼働室数」は、どう考えたらいいでしょうか。

「何室の稼働で利益が出るか？」という話です。

答えは損益分岐点売上÷１室単価（4,800円）です。518,466円÷4,800円≒108.01室となります。

または、数式解説の前にグラフで見たとおり、188,700円の固定費を、１室あたりの限界利益（1,747円）で割っても108.01になります。108室（厳密には109室）稼働で固定費をほぼ回収できます。

損益分岐点売上は固定費を限界利益でまかなえる水準という考え方ですので、これがいちばんわかりやすいかもしれません。

先ほどの計算から、売上（単価）4,800円、変動費（単価）3,053円という数字が出ています。

限界利益（単価）は、4,800円－3,053円＝1,747円です。これで188,700円を割ればいいので、数式は以下のとおりになります。

188,700（固定費）÷(4,800-3,053)（１室あたりの限界利益＝1,747）

≒108室（稼働率は108室÷250室＝43.2%）

満室で250室ありますが、108室が最低毎日埋まっていればほぼ赤字にならないことがわかります。109室目から利益が出ます。

稼働率で言えば43.2％です。それに対して実績は稼働率60％ですから、普段は平均すると150室が埋まっていて十分に利益が出せているということになります。

この損益分岐点売上の考え方はホテル業を例に考えてきましたが、興行の世界でも（もちろんほかの商売でも）公演などで「どれだけのお客様が入ってくれたら利益が出るのだろう？（あるいは赤字にならないのだろう？）」ということを考えるときに使えるものです。

大きな設備を用意して固定費をかけすぎてしまうと、空席率が高く（稼働率が低い）なってしまい、簡単に赤字になります。

そうなると、黒字化の水準が高くなりますので、選択が可能であれば公演の集客力にあった会場を選ぶことが大事です。

ただ、実際会場を興行の規模に合わせて自由自在に選べるということは少ないでしょう。

ですから、そのとき借りられる設備を前提にして、それに合わせた集客を工夫し、売上をより多くするか、集客不足に備えて変動費をおさえるかなど、皆さん知恵を絞っているのです。

逆に言うと、勢い余って大きなハコを借りてしまうと、利益を出すためのハードルがとても上がってしまう、と言えます。

このあたりの読みは大事なポイントになります。

以上、いくつか想定を置いて計算しましたが、計算結果を確認してみると、穴見社長がインタビューでお話しになっている「ウチは稼働率が35％から40％でも採算が取れる仕組みを作っている」という内容が、だいたい裏づけられたことになります。

赤字にならない稼働率が43.2%なので、少し超えてしまってはいますが、実際の正確な情報は社内でしかわからない（通常は社外秘）ので、だいたい合っているものと考えられます。

原文は「日経トップリーダー（2009年11月01日号）」に掲載された記事『亀の井ホテル社長　穴見保雄　「ムダ取り」と「数値管理」で空室だらけでも儲かるホテル』です。会計の情報は、株式会社アメイズが対外的に公表している資料から引用しました。

亀の井ホテルの事例は私が早稲田大学ビジネススクール在学中（2016年）に受講した「管理会計」で取り上げられたケースです。

題材は同じ会社ですが、説明の構成は私のオリジナルで図解も含めて作り直しました。公表されている（社外秘ではない）情報から、このような計算ができるという事例です。

「どう固定費を回収し、利益を出していくか」を考える

損益分岐点の話は一気に来てしまいましたが、計算自体はP227の公式がわかればそれでできてしまいます。なので、あまり深く考えたくないときは、それでやってしまえば大丈夫です。

ただ、何やっているのかわからずにやると、間違いに気づけなくなりますので、意味はここで理解しておきましょう。

そもそも会社を運営するときは、必ずかかる固定費があります。家賃とか働いている方々のお給料とか、必然的に出ていくお金です。

これをあんまり増やさないほうがいいのは経営の鉄則ですが、固定費にしたほうが変動費のままよりも、安くできてコスト削減になる場合もあるので、個別に判断する必要はあります（売る側は変動費より固定費のほうが売上は確保できて嬉しい場合があります）。

この固定費を、売上をがんばって上げて回収していこう（そうすると利益が出る）というのが、この損益分岐点の考え方になります。

これは固定費以外（これを変動費と定義しています）は、売上に正比例して費用が増えていくという単純な想定です。

精度がすごく高いわけではないですが（費用の種類ごとに売上との関係を計測して計算したら、もう少し精度は上がるでしょうが、ここではそこまではやりません）おおむね目指すべき売上の水準が見えてくるという計算です。

なので、**売上から変動費を引いたもの（限界利益）で固定費を回収するという考え方で計算をしていきます。**

限界利益を売上で割り算して、限界利益率という数字を求め、その限界利益率で固定費を割り算すると、損益分岐点売上高が計算できるというのがこの公式です。

計算だけ見ていると間違える可能性があるので、「限界利益で固定費をまかなえる水準の売上高を探る」という考え方を理解していただけると、感覚的にも考えやすいと思います。

ギャラをいくらにする？

表紙に大きく書いてしまいました（汗）。ギャラを計算するWorkはありませんが、ぜひ考えていただけたらと思います。

たぶん二つの視点があり、自分のギャラをいくらで売り込むかということと、自分で主催するときに演者の方のギャラをいくらにするか、です。最終目的は「適正な利益を獲得すること」と設定して思考してみましょう。

まず、どちらも相場を意識することは大事です。同じスキルの方はどのくらいか？　自分の場合は、高めにふっかけるのもあり得ますが、実力不足がバレたら二度と使ってもらえません。多少安めに言って期待を上回る作戦もあるかもしれません。

主催の場合は、高くするとキャスティングしやすく、安くすると難しいです。ここは、需要と供給で整理できるかなと思います。

そして、**こうした状況を踏まえて損益分岐点を考えます**。かかる費用を考えて、これ以上の収入がないと成り立たない、という最低ラインを知ることは有用です。それをもとにギャラをいくらで交渉するか。主催の場合は、チケットや協賛の収入をいかに最大化するかも考えて、利益を出す工夫をします。

たいていはギャップがあるのですが、それを埋めるのはまさに皆さんの努力次第です。ぜひこの本で説明したようなことも参考に、がんばっていただけたらと思います。

あとがき

最後までお読みいただきまして、ありがとうございます。

社会の仕組みから会計の考え方や方法について説明してきましたが、いかがでしたでしょうか？

実際の授業では、この会計の話題の合間に「起業体験ゲーム」を受講生の皆さんでやっていただいています。

子ども向けのボードゲームで、サイコロを振って順番に進めていくものですが、単純ながらも「人を雇う、商品を仕入れる、オフィスを借りるなどの判断をどうするか？」や「ブランド力の向上か、リスクに備えるか」といった難しさも潜んでいます。

会計を知っていれば何でも商売がうまくいく、というほどの魔法の力はありませんが、お金がなくなったらゲームオーバーです。会計の仕組みを知ると、**商売の状況を確認しながら、必要な対策を取るための情報を適切に得ることができる**と私は考えています。

実は日芸での授業は、損益分岐点で終わりではありません。

この後で財務というお金を管理する（資金調達の話題も含まれます）やり方を説明しています。最近のスタートアップ企業の話題でも「シキンチョウタツ（資金調達）」という言葉が飛び交っていますので、その辺を解説しています。

世の中では「綺麗な薔薇には棘（とげ）がある」とよく言われます。お金の話も同じように甘い話はありません。

プレゼンが成功すると事業資金がたくさん集められるということで、熱心に活動されている方も見受けられますが、決して「もらえる」わけではありません。資金を出してくれた人の目的は（結構）大きなリターンですので、そこを理解して動かないとあとで大変な思いをすることにもなります。

会計を学ぶと実感できるのですが、物事には必ず裏と表がある（左右で二面的に記録する仕組みなので、必ずそうなります。善悪ということではありません）ので、必ずどこかでバランスが取れています。

ですので、会計の考え方を理解されている人は、一方的に自分に都合のいい話はない、と感覚的に理解できるはずです。

ここは会計の勉強をしていてよかったなと思うところです。

つねに「なぜそうなるのか？」「これでバランスは取れているのか？」ということを意識するようになるので、考える大変さはありますが、大きな間違いは避けられるようになりました。

こうした知識は、商学系の専門学校や大学で学ぶことができるのですが、実際そういうところを卒業した方々は、それなりの大きさの企業に就職される方が大半でしょう。

そこでは、会計専門の部署（通常「経理部」などと呼ばれます）に配属されない限り、学んだ知識を直接使うことは少ないと思います。

反対に、私が教えている日芸のような芸術系をはじめ、理工系、医療系など他分野で学んだ方の中には、小規模な組織で仕事をする機会も多く、会計の知識が必要になる場合があります。

それなのに、大事なお金や会計の話を「学校では教わっていない」というチグハグな状況もよく起こります。

それぞれの専攻なので、何が悪いというものではないのですが、社会に出るとやはり少しでも会計や商売を理解できる素地ができていると、将来、大きな違いが出てくると思います。

私は、このように知識が偏在している状況を理解し、必要な知識を必要な方にお伝えしていくことは、社会に出てその先を長年経験してきた者の大事な役目かなと考えています。

会計の知識も、単にそれだけを学ぶのではなく、この本で説明してきたように、社会の仕組みから理解していくと、それをうまくつなげてよりよく理解できるようになっていきます。

もちろん最初にお断りしたように、検定試験を受けるには必要がない話もたくさんあるので、それは同じ勉強でも目的が違うということでご理解ください。

また授業では、財務の話に続いて、法律の基本的な知識にも触れていきますが、これも社会で活動する上では必要です。

さらに、税理士としてはここが本業ですが、税金の仕組みについても解説しています。いずれも基本的な話だけですが、それこそ知っていると知らないとでは大違いという世界です。

ですので、ホントの基礎だけでもお伝えしようと講義に組み込んでいます。

それらはもし続編を出せる機会がございましたら、いずれ解説してみたいと思っています。

本書はこちらで終演です。お読みいただいた方の問題意識に、どこまでお答えできたかわかりませんが、本書を皆さんの日々のお仕事の道標の一つとしてご活用いただけましたら幸いです。

最後に謝辞として、本書の出版に多大なご尽力をいただいた秀和システムの丑久保和哉さんをはじめとするスタッフの皆様、同社をご紹介いただいたMBAの同窓生アーロン・ズーさん、本当に貴重な機会をいただきましてありがとうございます。

また、日ごろ私の授業をご支援いただいている日本大学芸術学部奥山緑教授ほか教職員の皆様、ここに至るご縁や多くのインサイトをいただいている早稲田大学大学院での指導教員、東出浩教教授、平野正雄教授、管理会計の講義でご指導いただいた清水信匡教授、インテリジェンス在籍時より四半世紀以上にわたり伴走させていただいているUSEN-NEXT HOLDINGS宇野康秀社長、サイバーエージェント藤田晋社長ほか多くの同僚・友人・関係者の皆様、本書はこれまでにつちかった経験や問題意識の集大成と思っています。改めて厚く御礼申し上げます。

そして、こうした新しい挑戦をいつも陰ながら支えてくれている家族に感謝の気持ちを記して結びとさせていただきます。

2024年2月　　堀内雅生

参考文献など

『会計学の誕生――複式簿記が変えた世界』　渡邉泉（岩波新書）

『お金の流れで読み解くビートルズの栄光と挫折』　大村大次郎（秀和システム）

「おやこで起業体験ゲーム コドモ社長vsオトナ社長」　UZUZU編集部／ブランコ・カンパニー株式会社

装丁　大場君人

堀内雅生（ほりうち・まさお）

1969年、東京都生まれ。税理士（東京税理士会所属）、MBA（経営管理修士）。1992年、慶應義塾大学経済学部卒業。卒業後はVCに入社し、その後スタートアップに転じ、複数の企業で会計や財務、IPO、M&Aなどを担当。2018年、早稲田大学大学院経営管理研究科修了。2020年4月より日本大学芸術学部非常勤講師となる。USEN-NEXT HOLDINGS（2024年4月1日よりU-NEXT HOLDINGSに変更予定）常勤監査役、サイバーエージェント社外取締役監査等委員。この他、複数の上場企業の社外役員を兼任している。

クリエイター、アーティスト、フリーランスが読んでおきたい会計の授業 ギャラをいくらにする？

発行日　2024年 2月25日　第1版第1刷

著　者　堀内　雅生

発行者　斉藤　和邦

発行所　株式会社　秀和システム

〒135-0016

東京都江東区東陽2-4-2　新宮ビル2F

Tel 03-6264-3105（販売）Fax 03-6264-3094

印刷所　日経印刷株式会社　Printed in Japan

ISBN978-4-7980-7136-7 C0030